www.tredition.de

AF216829

Claus von Kutzschenbach

Sollbruchstelle 65

**Der schwierige Übergang ins Rentenalter -
eine Erzählung**

© 2015 Claus von Kutzschenbach
Verlag: tredition GmbH, Hamburg
ISBN
Paperback: 978-3-7323-7750-3
Printed in Germany
Titelfoto: Tobias Keuthen, Seetörn Elba-Korsika
Porträtfotos Claus von Kutzschenbach: Frank van der Groen

Inhalt:

Dieses Buch widme ich meiner Frau, Silvia von Kutzschenbach, und dankbar allen, die sich in diesem Buch vielleicht wiedererkennen.

Vorwort

Wie ist das, wenn man als Freiberufler plötzlich 65 wird und die offizielle Regelaltersgrenze zum Rentenbezug erreicht hat? Eigentlich nicht erwähnenswert. Leben und Arbeit gehen weiter.

Doch wenn kurz vorher ein geschäftlicher Einbruch erfolgt und ein wichtiges Ehrenamt verloren gegangen ist, kommt man ins Grübeln. Zumal man gleichzeitig von der Umwelt immer häufiger als Rentner oder älterer Herr eingestuft wird.

Da muss man durch, es gibt keinen Weg daran vorbei. Was einem in so einer Phase alles widerfahren kann, welche Gedanken unweigerlich kommen und warum manch guter Rat für die "Best Ager" ins Leere läuft, steht in diesem Buch.

"Sollbruchstelle 65" ist eine Selbstbeobachtung: Ich beschreibe, was ich in dieser Phase erlebt habe und meinen Versuch, diese Sollbruchstelle 65 ungebrochen hinter mich zu bringen.

Gleichzeitig befinden sich sehr viele in einer ähnlichen Situation und suchen für die Zeit 65+ noch Orientierung. Doch besonders schwer mit einer neuen Lebens-Orientierung tun sich die, die trotz großer beruflicher Erfolge in reifem Alter noch vor ihrem Rentenalter plötzlich aus ihren Organisationen ausgesondert und entsorgt werden. Bitter: Wie jetzt noch aktivierende und sinnvolle Zukunftsentwürfe finden, wenn die Lebensmitte längst überschritten ist und die nachrückende Generation Positionen besetzt und Aufgaben übernimmt, für die man sich aber selbst noch leidenschaftlich engagieren möchte, dies jedoch für immer verwehrt ist? Nicht lustig.

An diese Menschen und ihre Schicksale habe ich beim Schreiben besonders oft gedacht. Ich kenne einige von ihnen - ihre Gedanken, Gefühle und Lebensläufe.

Wie geht man denn allgemein mit solchen Einschnitten um? Wie vermeidet man, in solchen Lebensphasen und Sollbruchstellen einzuknicken, zu zerbrechen, zu verbittern oder einfach nur zu resignieren? Da muss es doch noch etwas anderes geben, das kann's doch nicht gewesen sein ...

Von diesen Überlegungen und Erkenntnissen handelt dieses Buch. Geschichten und Einsichten aus der Managementwelt gehören dazu. Geschichten, die sich so oder so ähnlich tatsächlich ereignet haben. Begebenheiten bei Kunden habe ich allerdings so verfremdet, dass sich allenfalls die Betroffenen selbst wiedererkennen. Und die guten Freunde und Gesprächspartner, die man in diesem Buch identifizieren kann, haben die entsprechenden Texte vorher gelesen und sind mit der Veröffentlichung einverstanden.

Dieses Buch zu schreiben war nicht leicht, hat mich oft gefordert und mir schließlich doch viel Freude gemacht. Viel Freude, manchen Aha-Effekt oder leises Schmunzeln wünsche ich beim Lesen nun auch Ihnen!

Claus von Kutzschenbach
Wiesbaden, Juli 2015

1) Phantomschmerz

Der Phantomschmerz trifft mich oft und heftig: Hier blitzt eine kleine Idee auf, dort sehe ich eine Chance, da könnte man ein Brett an die Wand dübeln und mit einer Öffnung im Bücherregal noch ein weiteres Gleis verlegen mit einer Kurve vor der nächsten Wand ... Und wieder erscheint das Bild meiner alten blauen Märklin E-Lok aus den 50er Jahren in meinem Kopf ... gebraucht gekauft strahlte sie mich einst, als ich noch ein Kind war, unter dem Weihnachtsbaum an. Ich sehe sie, ich spüre ihr Gewicht aus Gusseisen, ich rieche diesen typischen Geruch (aus verbranntem Staub und Kohlebürsten oder was immer das war), höre sie über die alten Metallgleise rumpeln ... und plötzlich, wenn ich ein Foto von ihr auf meinem PC-Bildschirm sehe, fühle ich einen kleinen Stich. So schön war sie, so einzigartig und nostalgisch exotisch mit ihren hierzulande nicht üblichen Bullaugen an der Seite (es war ein Modell einer niederländischen Lokomotive) und ansonsten überall schon ein wenig abgestoßen - so zuverlässig, kraftvoll und schnell zog sie den D-Zug mit den neun blechernen Schürzenwagen (internationale Schlaf- und Speisewagen, Post- und Gepäckwagen, 1.- und 2.-Klasse-Wagons - Raritäten!), die ich auf Flohmärkten zusammengekauft habe, ... alles fort.

Fort und weg ist sie. Und mit Ihr weitere einundzwanzig Lokomotiven, über hundert Wagen, zig Meter Gleise, Weichen, Signale, Oberleitung, Figuren, Autos, Bäume, Häuser ... All das, was ich mir in knapp sechzig Jahren zusammen gesammelt und -gekauft habe, was stets meine Fantasie beflügelt hat, was zu großartigen Eisenbahnprojekten als Kind und später mit eigenen Kindern geführt hat ... weg. Verpackt in mehreren großen Koffern und Kisten, zu einem Auktionshaus gebracht und rund tausend Euro dafür bekommen - locker das Zehnfache wäre das alles wert, wenn man nur in etwa Anschaffungspreise berechnet hätte. Hat man aber nicht: Modelleisenbahn ist out, die Preise der Sammlerstücke sind erst abgebröckelt, dann rasant abgestürzt - ein Überangebot im Markt bei immer weniger Liebhabern des alten Blechspielzeugs.

Das Drama an der Sache, der wirkliche Phantomschmerz, ist allerdings die aufgegebene Hoffnung. Die Hoffnung, man könnte ja, wenn nur genügend Platz und Zeit vorhanden wäre, wieder die Eisenbahn aus den Koffern und Kisten im Keller holen, könnte kühne Brückenbaukonstruktionen ertüfteln, raffinierte Schattenbahnhöfe anlegen, ein einfaches Blocksystem mit Magneten berechnen, Landschaften bauen, könnte sich satt sehen an der Modell-Idylle und -Illusion in H0, könnte Züge fahren lassen und ein wenig und versinken in einer romantischen, selbst geschaffenen Miniatur-Spielwelt ... Diese Hoffnung ist passé. – Hoppla, ich bin doch längst erwachsen, beruflich reichlich eingespannt, habe doch dafür überhaupt keine Zeit?!

Doch der Phantomschmerz überfällt mich ohne Vorwarnung: Wenn ich Gleise sehe, ein leer stehendes Geschäft (wie viel Platz hätte man da für eine Eisenbahnanlage), oder wenn eben plötzlich aus der unerfindlichen Tiefe meines PC ein Foto meiner blauen, gusseisernen Märklin-E-Lok aus den 50er Jahren auftaucht ...

Aufgegebene Hoffnung: Nicht den tatsächlichen Aufbau oder das Spielen mit der Modelleisenbahn vermisse ich, sondern die Hoffnung, das in meinem Leben mit diesen Sammler-Schätzen noch einmal wieder tun zu können.

Dazu muss man wissen, dass dieses Eisenbahnthema mit der blauen E-Lok (und anderen) mein bisheriges Leben im Hintergrund völlig magnetisiert hat. Wenn für den Eisenbahn-Aufbau weder Zeit, noch Platz noch andere operative Hoffnungen waren, zeichnete ich ersatzweise Eisenbahnpläne. Es galt, romantische Vorstellungen von Landschaften und Eisenbahn mit real existierenden Räumen und möblierter Einrichtung zumindest planerisch zu realisieren und gleichzeitig stets die Gesetze der Gleisgeometrie und ihrer Radien zu befolgen, notwendige Steigungswinkel für Überführungen oder Tunnelprofile zu beachten. Das konnte mich stundenlang beschäftigen, es lenkte von vielem ab. Während meines Studiums, dann auch später in meinem Leben als Angestellter immer wieder - und ja: Die alte Schablone für das Planen einer Anlage mit Märklin-Metallgleisen, die habe ich noch. Die habe ich nicht weg gegeben. Ebenso wenig wie einige Blöcke Millimeterpapier für Pläne. Warum habe ich gerade die noch behalten? Ein Fünkchen von Doch-noch-Hoffnung? Dumm.

Und dadurch wurde das ganze Drama ausgelöst: Umzug in unsere vermutlich letzte und erste eigene Wohnung. Sie nimmt die ganze Fläche einer ehemaligen Büroetage ein, ist schön, hell, für zwei Personen großzügig geschnitten - und mein Arbeitszimmer dort hat eine durchgehende (Büro)-Fensterfront, ist aufgeräumt, quadratisch, praktisch, gut und nur mit dem Nötigsten möbliert. Es lässt sich konzentriert darin arbeiten und bietet Raum für intensive Beratungsgespräche mit Kunden.

Weil das so ist und auch so bleiben soll, gibt es in dieser Wohnung keine Chance mehr, Eisenbahnphantastereien auszuleben. Im Keller ist nicht einmal mehr Platz für die Eisenbahnkisten und -Koffer. Und überhaupt: Als Freiberufler, der nach wie vor aktiv Kunden beraten und Geld verdienen will, ist so ein Energie- und zeitraubendes Hobby wie der Aufbau und der Betrieb einer Modelleisenbahn sowieso völlig daneben. Und überdies: Eine große Anlage zerstört sich schon während des Wachstums bald selbst durch Staub und Kurzschlüsse, die im üppig wuchernden Wirrwarr verschiedener Drähte unter der Anlage immer schwieriger zu orten sind. Und außerdem: Das lange gebückte Stehen oder Kauern beim Aufbau einer Anlage hat früher schon mal Rückenschmerzen bereitet, die Mikro-Arbeit beim Zusammensetzen von Kleinstteilen geht nur mit vollkommener Nahsicht und ruhiger Hand. Das alles wird nicht besser werden. Meine Entscheidung war wohl überlegt: Weg mit der Eisenbahn.

Meine Frau hatte noch weise den Kopf geschüttelt und gemeint, ich könne doch um Gotteswillen die Eisenbahn behalten. Nein. Ich wollte mich bewusst vom Ballast und der Romantik der Vergangenheit befreien. Loslassen, um nun einen neuen Lebensabschnitt zu beginnen. Und das habe ich nun davon: Phantomschmerz.

Nun ist ja Loslassen an sich für mich weder neu noch schmerzlich. Im Gegenteil: Ich lasse gern Dinge und Erfahrungen hinter mir zurück, bin offen und freue mich mit kaum spürbarem Bangen auf Neues. Neue Eindrücke, Umgebungen, Beziehungen, Eroberungen (auch Reinfälle - ja!) und weiß Gott was noch alles. Ich bin im Inneren neugierig und gewöhne mich schnell ein, kann mich anpassen - denke ich zumindest.

Immerhin sprechen die Fakten dafür: gut ein Dutzend Mal weiträumig und deutschinterkulturell umgezogen zwischen Alpenrand und Schleswig-Holstein, Karriere in sechs verschiedenen Unternehmen gemacht, seit zwanzig Jahren Managementberater und -Trainer mit allen Aufs und Abs eines freiberuflich agierenden Einzelkämpfers, am Ende dann auch noch vier Jahre Präsident meines Berufsverbandes und vor meiner dritten Amtszeit abgewählt (viel richtig gemacht, aber kein Gespür für Vereinsbefindlichkeiten). Ja, manchmal will ich es gegen guten Rat auch mal darauf ankommen lassen, will es wissen - auch vor dem Risiko der Niederlage: Das schreckt mich nicht, ich klammere nicht, kann loslassen, trauere guten alten Zeiten nicht nach.

Aber offenbar nicht in allem. Einschneidend in meinem bisherigen Leben war der Verzicht auf Volleyball, andere Mannschaftssportarten und Joggen - rauf und runter über Waldwege auf dem Taunuskamm. Das alles hatte ich nicht unbedingt professionell, aber leidenschaftlich betrieben. Doch meine Knie machen das seit einigen Jahren nicht mehr mit. Dieser Verzicht war und ist heftig. Ein deutlicher Verlust an Lebensqualität. Vielleicht auch da ein kleiner Phantomschmerz? Immer dann, wenn so ein Volley- oder Basketball in meine Nähe kullert -

dann wollen einige Reflexe mit Lust und spontaner Leidenschaft voll ausgelebt werden.

Und dazu noch drei aktuelle Alltagsbegebenheiten in dichter Folge, die ich mit schrägem Grinsen weitererzähle, damit im Freundeskreis allerdings oft Bestürzung auslöse, teilweise wohl auch Mitleid:

Begebenheit Nummer eins: Ich entere einen Stadtbus, einigermaßen voll, und eine hübsche junge Frau, vermutlich morgenländischer Herkunft, steht auf und bietet mir mit einem respektvollen Lächeln ihren Sitzplatz an ...

Begebenheit Nummer zwei: Ich habe es an einer Ladenkasse sichtlich eilig und höre von der Kassiererin mittleren Alters und ausladender Leibesfülle hinter dem Fließband an der Kasse eingezwängt im breiten Hessisch: "Ja, die Rentner, die ham immer ka Zeit, die Rentner".

Begebenheit Nummer drei: Hab' ich vergessen (sorry), da war irgendetwas mit einem langen Schuhlöffel, und dass man sich im Alter auch nicht mehr so tief bücken will ...

Ja super!

Es ist ja schließlich doch ein Unterschied, ob man freiwillig loslässt, weil man etwas Besseres vorhat, weil man etwas bewusst riskiert, weil man andere Ziele, andere Erfahrungen machen, ein neues Leben (oder so) beginnen will, oder ob man plötzlich losgelassen wird und irgendwo aufschlägt, wo man nach bisheriger Lebensauffassung und aktueller Gefühlslage nun wirklich nicht hingehört (besser: noch nicht hingehören will): Im Seniorenstatus.

Schon melden sich die Oberschlauen und auch der Oberschlaue in mir: Pfeif drauf, finde Dich damit ab, hänge da nicht 'rum, suche Dir neue Ziele, finde dein "neues Zeit-Alter" und finde heraus, "warum es gut ist, dass wir immer älter werden" (so Lothar Seiwerts Buch), lass' es zu, spüre in dich hinein, lass' dich erleuchten, folge deiner Bestimmung, das Universum führt dich (O-Ton meiner Lieblings-Esoterikerin). Tenor von alledem: Das Leben sei in jeder Phase lebenswert und begeisternd.

Jau. Sehe ich genauso. Theoretisch.

Habe ich bisher auch immer gekonnt. Das Neue war jedes Mal attraktiv, hatte viel mehr Zugkraft war viel mehr sexy als das Bisherige. Man kann nur dazu gewinnen. Ja, diese Erfahrung habe ich fröhlich und mehrfach gemacht.

Ach, apropos sexy: Da schleicht sich ja neuerdings so eine unbewusste, lästige, melancholisch stimmende Gewissheit bei mir ein, dass man für attraktive weibliche Wesen im gebärfähigen Alter kaum noch begehrenswert sei. Dass die eine oder andere erträumte Romanze schon im Ansatz nicht mehr zu Träumen verleitet, wenn man im Bus von ebendiesen Wesen mitleidig einen Platz angeboten bekommt. Was sagt man nur dazu, wie wird mann damit fertig?

Und bei all diesen Betrachtungen nicht den Phantomschmerz vergessen, der sich nach meiner immerhin ureigenen, freien Eisenbahn-Entscheidung entwickelt hat. Eine für mich nun völlig neue Erfahrung.

Was macht man nun damit?

2) Übergänge

Was haben wir bis jetzt: Phantomschmerz wegen des Abstoßens von Kinderspielzeug, kein Mannschaftssport mehr wegen kaputter Knie, die bittere Erkenntnis, dass mann eher als sitzbedürftiger Rentner denn als potenzieller Liebhaber taxiert wird und die Ahnung, dass sich Perspektiven mit zunehmender Lebensdauer spürbar verdichten (vorsichtig ausgedrückt). Mein Handlungs- und Hoffnungsspektrum ist definitiv ärmer geworden. So läppisch der Eisenbahn-Phantomschmerz erscheinen mag, gerade dieses harmlose Beispiel zeigt die Dramatik einer bewussten und endgültigen(!) Aufgabe kleiner, persönlicher Möglichkeiten und Sehnsüchte.

Oder täusche ich mich? Ich bin jetzt Mitte sechzig, habe vier Enkel, familiär läuft alles bemerkenswert gut. Ich bin gesund, stressstabil, einigermaßen fit und habe nach wie vor beruflich Erfolg. Im beruflichen Einsatz bin ich sogar besser als noch vor zehn oder fünfzehn Jahren, heute agiere ich sicherer und souveräner und erziele mehr Erfolg für meine Kunden - mehr Erfahrung.

Allerdings, mit Mitte sechzig, im Alter von 65 Jahren und sechs Monaten, um ganz genau zu sein, bin ich jetzt unvermeidlich auf der traditionellen Sollbruchstelle zwischen Arbeitsleben und Ruhestand aufgeschlagen. Ob man nun will oder nicht, da wird man ein wenig nachdenklich. Und auch, wenn man selbst solche Themen wie Ruhestand oder Rente gar nicht aktiv denkt, weil man doch noch heftig im Geschirr steht, man wird gedacht: Rentenantrag, Auszahlung fälliger Versicherungen, Fragen anderer, ob man noch berufstätig sei, Platz im Bus ... aber ich wiederhole mich.

Doch dann kam in diesem Sommer meines 65. Geburtstages noch etwas ganz Wichtiges dazu: Ich habe die Sportbootführerscheine "Binnen" und "See" gemacht. Eine vorher nicht einmal ansatzweise geahnte Erweiterung von Lebensqualität. Denn bisher haben wir den

Rhein, den Lago Maggiore, die Ostsee und andere schöne Gewässer nur im Zweierkajak befahren und waren in der Karibik als Mitsegler an Bord - es waren und sind wunderschöne, faszinierende Erlebnisse. Aber: Mit diesen Bootsscheinen könnte ich ja selbst als Skipper ein Motorboot mieten oder in warmen, südlichen Meeren eine Segelyacht chartern (die letzte dazu notwendige Befähigung, der SKS, der Sportküstenschifferschein, ist, während ich das schreibe, in Arbeit). Wahnsinn!

Also, wozu lange grübeln: Nach meiner Abwahl als Vereinspräsident Ende Mai habe ich die frei gewordene Zeit schnell genutzt, um für meine Motorbootprüfungen über Leuchtfeuern und Betonnung, Lichterführung, Verkehrsregeln Binnen und See, Schallsignalen und Navigation zu brüten. Eine neue, faszinierende Welt tat sich auf. Und Silvia, meine Frau und Ko-Paddlerin bei allen Kajakfahrten, fand das eine geniale Idee - natürlich nicht ganz uneigennützig.

Ja, das leistete ich mir. Und es war gut. Nach anfangs labilen und gewittrigen Sommertagen stabilisierte sich 2014 das Wetter im August und September und dann kamen warme und angenehme Spätsommertage, wie ich sie zuvor noch nie erlebt habe: Auf dem Wasser und am Hafen sein, mehr Bootsfahrstunden als nötig auf dem Rhein buchen, für die nächste Prüfung büffeln und mich einfach treiben lassen.

Was für ein Hochgefühl, nach der ersten Prüfung selbst ein Motorboot zu chartern und damit völlig unbeschwert auf dem Rhein zu fahren! Mal gemütlich diese Bucht anzusteuern, dort mal in schneller Gleitfahrt Fahrtwind und Wellengischt zu spüren und diese wirklich einzigartige Landschaft des Rheingau, mit dem breiten Strom, den Rheininseln, den grünen, sanft geschwungenen Weinbergen, Wasser, Wellen und den harmlos darüber vorbeiziehenden Kumuluswolken regelrecht in mich aufzusaugen (bislang kannten wir das ja nur aus der Paddlerperspektive mit gemächlichem Paddlertempo). Zu staunen und dankbar zu sein, dass so etwas in meinem Leben, fast direkt vor meiner Haustür, überhaupt noch möglich geworden ist. Und dann auch mal Frau und Freunde mit zu nehmen. Am Ende gab's sogar noch eine Steigerung: Kurzer Urlaub Ende September am Lago Maggiore - vier Tag im Kajak, zwei im Motorboot (mit ganz anderen Reichweiten und Möglichkeiten) in einer traumhaften Umgebung. Herrlich! Ungeahnte Freiheiten, berauschendes neues Lebensgefühl.

Leises Entsetzen jedoch bei Silvia, als wir in diesen unbeschwerten Sommertagen eines Abends zufällig zeitgleich vor unserer Wohnung eintrafen und später mit einem Glas Wein auf dem Balkon den restlichen Tag genießen sollten. Sie: "Du bist ja ein echter Freizeit-Heini geworden". Mag sein: Ich kam sonnverbrannt, fünf Tage lang nicht rasiert, den wasserdichten Bootssack (Bootsschuhe, Handtuch, kleiner Pfeifenbeutel, Wasserflasche, Führerschein ...) über der Schulter mit etwas Seegang in den Beinen gerade vom Schiersteiner Hafen. Sie dagegen rollte in ihrem offenen roten SLK heran, abgekämpft, aber immer noch top zurecht gemacht, nach einem vollen Tag konzentrierter Arbeit als Kosmetikerin und Heilpraktikerin in ihrem Institut in Wiesbadens nobler Wilhelmstraße.

Ja. Freizeit-Heini. Ich genoss es. Und wie. Ich war (bin!) ja sogar insgeheim richtig stolz auf diesen Titel! Meine Frau dagegen befürchtete, ich würde nun völlig abdriften, in diese Freizeit-, Hafen- und Bootswelt.

Vorübergehend vielleicht. Aber nur deshalb, weil es im Moment beruflich wirklich nichts anderes für mich zu tun gab und für den Herbst ja bereits Workshops und Seminare gebucht waren. Und lange hielt ich dieses Freizeit-Heini-Leben dann doch nicht aus: Ich schaute bald wieder in die Fachliteratur, checkte Kundenunterlagen, bereitete mich langsam wieder für Aufträge im Herbst vor.

Ich weiß, dass ich meinen Freizeit-Heini in diesem Sommer nur deshalb so ausleben konnte, weil es tatsächlich eine kleine berufliche

Pause zwischendrin gab. Eine kleine Auszeit zwischen verschiedenen Einsätzen für Kunden. Es hat sich halt so ergeben. So ein Leben als Dauerzustand würde ich sicher bald als fad empfinden, der Zauber wäre schnell dahin.

Andererseits: Vor einigen Jahren hätte ich mir den Freizeit-Heini noch nicht so entspannt gegeben. Da wäre ich viel eher nervös geworden, hätte viel schneller ein schlechtes Gewissen bekommen und mich schon viel früher wieder beruflichen Fragen gewidmet - oder mich als ehrenamtlicher Präsident mit den endlos vielen und wichtigen Anliegen von Vereinsmitgliedern befasst. - Das leise Entsetzen meiner Frau beim Anblick eines mit ihr verheirateten plötzlich auftauchenden Freizeit-Heini kann ich nachempfinden. Irgendetwas hat sich dann doch wohl ein wenig geändert.

Und dennoch ...

Dennoch kommen wieder so merkwürdige Gedanken: Wie lange werde ich noch genügend Geld verdienen, um hier und dort mal ein Boot zu chartern? Wie lange würde ich mit meinen porösen Knieknorpeln ein schwankendes Bootsdeck in jeder Situation sicher abfedern können? Und sollte ich nicht eigentlich viel mehr dafür tun, neue Kunden zu gewinnen und mich beruflich weiter zu bilden? - Denn so erfolgreich meine Arbeit auch ist, es ist schwieriger geworden, neue Aufträge zu gewinnen, wenn bisherige wegen Firmenverkäufen oder personellen Wechseln bei Auftraggebern verloren gehen. Keine Frage, der Markt ändert sich, die Zeit läuft ...

Ich bin aber noch lange nicht so weit, die Dinge einfach kommen zu lassen und das sogar zu genießen.

Im Gegenteil: Mich beschleicht jetzt ein ungutes Gefühl, wenn zwischen Kundenaufträgen mal wenig zu tun ist, mich Passanten bei Stadtgängen als Rentner einstufen und ich bei langen einsamen Waldwanderungen an einem Werktagvormittag oben im Taunus hin und wieder anderen einsamen Männern im Rentenalter rüstig ausschreitend mit freundlich-knappem Gruß begegne. Das war vor wenigen Jahren noch nicht so.

Was passiert da eigentlich?

Wahrscheinlich - nein: ziemlich sicher - bin ich in dieser Lebens- und Gefühlslage nicht allein. Es gibt bestimmt sehr viele (fast alle?), die beim Übergang ins klassische Rentenalter mindestens ins Grübeln kommen.

Mal gegoogelt: "Rentenalter + Befindlichkeit". Das Ergebnis ist nicht besonders brauchbar. Es finden sich jede Menge Einträge zum Thema Rente an sich, soziale Programme und Angebote/Tätigkeitsberichte von Senioren-Gruppierungen, Foren für ehrenamtlichen Einsatz rüstiger Rentner und Ex-Manager - und natürlich auch die üblichen Gebrauchsanweisungen selbsternannter Gurus und Menschen-Versteher(innen) mit ihren seichten Lebensbewältigungstipps. Unglaublich, wer sich da wie äußert - in meinen Augen sind es oft sogar gescheiterte (jüngere) Existenzen, die anderen die Welt erklären wollen - ich habe einige davon kennen gelernt; da kann man nur schleunigst auf Distanz gehen. Was ist das nur für ein Trieb, ständig wissen zu können/müssen, was für andere gut ist ...?

Da verlasse ich mich lieber auf eigene Beobachtungen und Berichte.

Zum Beispiel dieses Erlebnis: Einem Manager in einem großen norddeutschen Industrieunternehmen wurde nahegelegt, sich doch bei nächster Gelegenheit um einen vorzeitigen Ruhestand zu bemühen. Die Geschäftsleitung war ein Jahr zuvor neu besetzt worden und der neue Geschäftsführer hatte vom Start weg kleinere Wirbelstürme entfacht. Einer davon hatte mich gleich zu Beginn regelrecht weg geblasen: "Sie werden verstehen, dass ich meine eigenen Berater und Trainer habe, und Ihre Dienste nicht mehr in Anspruch nehme," hatte er unser Kennenlern-Gespräch schließlich beendet. Nun ja, wenigstens eine klare Ansage. Die ihn allerdings nicht davon abhielt, mich nach meiner Meinung zu dieser oder jener Führungspersonalie seines Unternehmens zu befragen, als wir uns kurze Zeit später zufällig bei einem Kongress begegneten. Ihm deswegen eine Rechnung zu stellen, war mir dann doch zu blöd ...

Jedenfalls war ein Jahr später auch jener Manager draußen, für den und für dessen Team ich seit vielen Jahren nicht oft, aber regelmäßig Trainings und Workshops durchgeführt hatte. Nur wenige Wochen nach seinem Ausscheiden, verabredeten wir ein Treffen in einem Café an seinem Wohnort. Ich hatte in der Nähe zu tun und wollte doch wissen, wie es ihm nach den ersten Wochen als Ruheständler geht.

So mittelprächtig. Wir arbeiteten zunächst die weitere Entwicklung in seiner ehemaligen Arbeitsstätte ab - inklusive der Aktivitäten des neuen Chefs und den diversen Entwicklungen seiner früheren Abteilungsleiter, wobei er sichtlich um Fairness und Loyalität seinem Ex-Arbeitgeber gegenüber bemüht war. Und sonst? Geht schon, meinte er. Der Vorschlag für den vorgezogenen Ruhestand, dem er schließlich gefolgt sei, hätte ihn schon ein wenig getroffen damals. Aber inzwischen ... Und dann kam etwas, was mich sehr verblüffte: "Am meisten vermisse ich, dass ich keinen SAP-Zugang mehr habe ..." Hoppla? Was will er denn mit dem SAP-Zugang? Das, was damit dargestellt wird, sind doch betriebliche Interna, die ihn jetzt nichts mehr angehen, mit denen er nun wirklich nichts mehr anfangen konnte? Er: Naja, irgendwie wäre mir halt wohler, wenn ich wüsste, wie sich dieses oder jenes entwickelt. Er habe ja da täglich mehrmals nachgesehen und dann ...

Diese kleine SAP-Bemerkung verriet mehr, als er mir sagen wollte. Wir beließen es aber dabei. Im weiteren Gespräch stellte er mir für seine weitere Zukunft eine Beratertätigkeit auf seinem Spezialgebiet vor, was aber schwierig sei, denn dazu müsse er noch Lehrgänge besuchen und eine Prüfung machen und zudem dürfe er bis zur eigentlichen

Rente nichts dazu verdienen. Eine Lehrtätigkeit sei ihm auch noch angetragen worden und im übrigen versuche er, sein Leben neu einzurichten. Besonders euphorisch klang das nicht. 31 Jahre seines Lebens war dieses Unternehmen sein Leben. Er hatte realistischer weise wenig Hoffnung, noch einmal etwas ähnlich Gewichtiges neu aufbauen zu können. Mal sehen ...

Sprung in eine ganz andere Welt: ein Klassentreffen mit Gleichaltrigen in dem Ort, in dem ich aufgewachsen und vor knapp sechzig Jahren eingeschult worden bin, ein idyllisches Bilderbuchdorf direkt vor den Alpen. Die meisten meiner ehemaligen Mitschüler sind dort tief verwurzelt, die Mitschülerinnen von einst leben heiratsbedingt in der Region verstreut.

Das Klassentreffen sollte in der Kirche mit einer Hl. Messe für uns beginnen. Ich war gespannt und freute mich, diese Kirche wieder zu sehen: Wie oft hatte ich darin als kleiner Bub ministriert, die Liturgie natürlich noch in Latein, Weihrauch und Weihwasser, barocker Altar, Säulen, Bilder und Heilige. Zu Beerdigungen gab es für die Ministranten 25 Pfennige und die ersten Stunden schulfrei (Beerdigungen fanden immer am Vormittag an Werktagen statt). Und jetzt: Es war noch alles wie damals. Fast. Denn die Messdiener waren keine kleinen Buben mehr, sondern pubertierende Mädchen, hin und wieder mit Kicheranfällen, und der Pfarrer hielt seine Messe in Deutsch. Schade - der Zauber war dahin. Oder: Viel, viel Zeit ist seither vergangen. Ich bin wohl seit Kinder- und Jugendtagen nicht mehr in einer Hl. Messe gewesen.

Dann im Wirtshaus. Was erzählen die Männer: Der eine hat mit sechzig nochmal gebaut, seine Zimmerei jetzt aber an den Sohn übergeben und springt da noch gelegentlich ein. Der andere erzählt stolz von einem ganz neu angeschafften Melkroboter für seine Kühe, andere haben ihre Bauernhöfe und Kleinunternehmen bereits an die Söhne übergeben, helfen aber natürlich weiter mit, wenn es sein muss (und das muss es wohl häufig) und versuchen nebenbei, die Enkel zu zähmen. Wieder ein anderer ist Lkw-Fahrer in Rente und ist da, wenn er gebraucht wird (noch oft). Ein weiterer schließlich ist selbständig, allerdings auf einem ganz anderen Gebiet als ich und weiterhin beruflich aktiv. Er mokiert sich heftig über die, die mit 65 in Rente gehen und dann nur noch fernsehen.

"Naja", meinte ich, "wenn Du Dein Leben nur in Käfighaltung verbracht hast, kannst mit Freiheit auch nicht viel anfangen - da hast als Selbständiger leicht reden ..."

Insgesamt aber scheinen sich meine Klassenkameraden, männlich, keine allzu großen Gedanken zu machen: Jetzt sind sie eben würdige Großväter mit grauen Vollbärten, Austragbauern, die ihren Hof den Söhnen überlassen haben und nun nebenan in einem eigenen kleinen Häuschen wohnen, stolz und gelassen in ihren Trachtenjankern beim Klassentreffen des Volksschuljahrganges 1955. Tief in der malerischen Heimat vor den Bergen verwurzelt. Die Familie eines Klassenkameraden, der jeden Tag gut eine Stunde zur Schule und wieder zurück gehen musste, besitzt ihren Bauernhof auf der Höhe schon seit dem 15. Jahrhundert. Sein Job ist, diesen weiter zu führen und an die nächste Generation zu übergeben. Das hat er schon mal geschafft.

Die Lebensübergänge bei den Klassenkameradinnen von ehedem erscheinen fließender. Sie sind oft mit noch älteren Männern verheiratet, viele haben nur für die Familie gelebt, waren außer auf dem eigenen Betrieb mithelfend nicht berufstätig und erleben nun, dass "da Mo jetzt dahoam is". Der "Mann daheim" entlastet erfreulicherweise bei diesen oder jenen grobmotorischen Arbeiten rund ums Haus, fällt aber dann allmählich schon ein wenig zur Last, weil er dauernd irgendwo herumsitzt oder sonst wie im Weg steht und gewohnte Abläufe mit eigenen Ideen durcheinanderbringt. Er erfordert doch ein wenig Rücksichtnahme und zeigt dann schon einmal dieses oder jenes Zipperlein.

Tiefergehende Gespräche über die derzeitige Befindlichkeit meiner Altersgenossen und -innen aus der fernen Kinderzeit schienen mir bei diesem Wiedersehen nach Jahrzehnten wenig angebracht. Einige von damals waren auch schon gestorben (nach der gemeinsamen Klassen-treff-Messe besuchten wir deren Gräber auf dem Friedhof hinter der Kirche).

Wie es mir so erginge? Meine Äußerung, selbstverständlich noch deutschlandweit (auch in Österreich und in der Schweiz) beruflich aktiv zu sein, wurde mit vorsichtigem Respekt abgenickt, aber nicht weiter kommentiert. Dazu war ich den anderen trotz herzlicher und fast rührender (Wieder-)Aufnahme in diesen Kreis samt ehemaliger Klassenlehrerin (betagt, aber topfit) doch zu fremd geworden. Ob ich denn nicht wieder zurückkehren wollte? Hmmm. Dieses Dorf und diese Berge haben mich ja sofort wieder in ihren Bann gezogen. Eine einzigartige Idylle und deswegen auch gern als Kulisse für Heimatfilme in den 50er Jahren und heute für TV-Filme genutzt. Aber dann winkte ich ab. Es war ein schönes, aber ein anderes Leben. Heute für mich nicht mehr vorstellbar. Zuviel Idylle. Und schon damals wollte ich ja insgeheim immer schon weg, ein Leben mit einer anderen Taktung finden. Da half auch nicht, dass mir jetzt eine meiner Klassenkamera-dinnen von ehedem mit ihren 66 Jahren kichernd gestand, sie hätte mich damals ein wenig "o'gspunna", wäre kindlich in mich verknallt, wäre damals ein Fan von mir gewesen. Da wurde mir doch unverse-hens warm ums Herz, Lebenstaktung und sporadische Altersmelan-cholie hin oder her ... - Ja, es war schön. Sehr schön. Damals und jetzt wieder. Danke Euch!

Aber vorbei.

Also, was läuft? Wie bewältigen die, die weniger im traditionsreichen ländlichen Leben verwurzelt sind als meine ehemaligen Klassenkame-raden, den Übergang in den neuen Lebensabschnitt, in dem man einfach nicht mehr so gebraucht wird wie die vierzig Jahre zuvor?

Vielleicht sogar ganz gut. Der Begriff der "Käfighaltung" fällt mir wieder ein, und ich höre Erzählungen von Rentnern und Pensionären, die auf ihren neuen Lebensabschnitt regelrecht hingearbeitet und ihn erleichtert begonnen haben. Friedlich, verträglich und mit sich im reinen. Endlich nicht mehr in diesem Laufrad, nicht mehr einem fremden Zeit- und Schaffensdiktat unterworfen, sondern einem eigenen Rhythmus folgend, der sich bald eingependelt hat. Morgens etwas länger schlafen, vielleicht auch mittags noch ein Schläfchen, gemütlich die Frau zum Einkaufen begleitet oder allein mit Einkaufszettel und -tasche losgeschickt, früher am Tag ein Gläschen Bier oder Wein. Ein harmloses Hobby extensiver betrieben - die einzigen Termine sind die bei verschiedenen Ärzten. Dann natürlich auch ausgedehnte Reisen, von denen man erzählen kann (und die leise Enttäuschung darüber, dass andere im ebenso gealterten Bekanntenkreis von den gleichen Urlauben das Gleiche erzählen).

Ja, viele arbeiten zielstrebig auf ihren Ruhestand hin und freuen sich darauf. Sie haben schon lange keine Lust mehr auf Chefs und Kollegen, haben gespürt, dass sie langsamer geworden sind und haben keinen Ehrgeiz mehr, sich technischen und organisatorischen Neuerungen zu unterwerfen ("das brauche ich nun wirklich nicht mehr"). Ihr Rentnerleben empfinden sie anfangs wie den Beginn von endlos langen großen Ferien und merken dabei kaum, wie sie sich dabei allmählich mehr und mehr langweilen und von allem zurückziehen. Wie sie geistig und körperlich träge und für andere reichlich uninteressant werden. Glückwunsch. Geschafft!

Wie sagen die Schleswig-Holsteiner (auch dort lebte ich ja einige Jahre): "He is dout blewwen" ("er ist tot geblieben"), wenn jemand gestorben ist. So kommt es mir auch vor, wenn ich den einen oder anderen uninteressant gewordenen Rentner erlebe: Tot geblieben, endlich wieder die ursprüngliche Bestimmung des Nicht-seins erreicht (oder tue ich jetzt den Schleswig-Holsteinern unrecht?).

Jedenfalls sind für die, die eigentlich doch noch ein bisschen aktiv leben und arbeiten wollen, sanfte Übergänge ideal: nach Ende des offiziellen Arbeitslebens eine Teilzeitbeschäftigung im bisherigen Job oder Arbeit auf Abruf. Diese Glücklichen genießen es, einerseits etwas mehr freie Zeit zu haben und sich andererseits - reduziert, aber dennoch - ihrer gewohnten Profession hinzugeben und etwas Nützliches zu schaffen. Sie freuen sich ehrlich über das Zusammensein mit Kollegen, schnuppern gern den berufstypischen Duft in der Werkstatt oder den nach Papier, Computern, Druckern und Kaffeeautomaten im Büro, blühen immer wieder von neuem auf mit der Anerkennung des Chefs, und wissen den finanziellen Zuverdienst zu schätzen.

Überschrift in einer hiesigen Zeitung, dem "Wiesbadener Kurier": "Die Arbeit hielt ihn fit". Na also. Berichtet wurde über einen 80jährigen, der bis ins hohe Alter auch als Rentner immer wieder in den Betrieb kam, hier mithalf, dort etwas ausbesserte und als ehemaliger Betriebsrat auch später bei den Kollegen immer herzlich willkommen war. Schön.

Wie viele können das, wie viele machen das und schaffen so einen sanften Übergang? Erfreulicherweise immer mehr. Nicht nur in der Heimat meiner Kindheit mit ihren kleinbäuerlichen Strukturen (offiziell: Nebenerwerbslandwirte - nur von ihren Bauerhöfen können die Familien schon längst nicht mehr leben), sondern auch in vielen kleinen und mittelständischen Industrieunternehmen. Sogar große Unternehmen haben inzwischen realisiert, dass die Leistungskraft älterer Mitarbeiter mit Beginn des Rentenalters nicht abrupt abbricht, sondern dass es trotz einiger administrativer Mehrarbeit für das Unternehmen gewinnbringend sein könnte, seniorigen Leistungsträgern Übergangsregelungen anzubieten. Gut für die, die noch arbeiten wollen, gut für unsere Wirtschaft, denen Spezialisten oft schneller fehlen, als sie nachwachsen.

Wenn sie denn fehlen, wenn sie denn gebraucht werden. Angebot und Nachfrage ändern sich schnell. Ein Telefonat mit einem von mir sehr geschätzten, gleichaltrigen Kollegen, der sich nach einer ganz anderen Selbständigen-Karriere in reiferem Alter noch als Trainer versucht hat und mit dem ich in meinem Berufsverband eng zusammen gearbeitet hatte. Seine Worte: "... ich tendiere stark dahin, dass ich mich nicht mehr im Markt anbieten will ... ich konzentriere mich jetzt auf viele andere Dinge, die mir Spaß machen und investiere nicht mehr in Akquisition ..." Das hat mich doch etwas betroffen gemacht. Denn seine "Tendenz" bedeutet nichts anderes als der unfreiwillige, definitive Rückzug ins Privatleben, berufliche Aufgabe, berufliche Resignation. Als Freiberufler hat man ja keine berufliche Altersgrenze.

Ähnlich eine nur wenig jüngere befreundete Kollegin einige Wochen vorher, sehr engagiert in ihrem Beruf wie im Berufsverband und seit mindestens dreißig Jahren im Trainingsgeschäft. Sie hatte vor zwei oder drei Jahren einen langjährigen, ziemlich großen Auftrag verloren und hat viel Kraft gebraucht, das zu verwinden und sich dann irgendwie mit anderen, kleineren Aufträgen durchzuschlagen und sich gleichzeitig völlig neu im Markt zu positionieren: "Also ich investiere jetzt noch einmal ganz kräftig in eine Akquise-Kampagne - und wenn dann nichts kommt, dann war's das..."

Nun, der gleichaltrige Kollege ist finanziell abgesichert. Er hat in wirtschaftlich erfolgreichen Zeiten für so eine Situation vorgesorgt und kann nun von den Einkünften aus der Vermietung seiner Immobilien leben. Vielleicht nicht besonders üppig, aber es reicht. Zudem hat er nach längerer Suche eine neue Freundin gefunden, ist happy und wird vielleicht auch deshalb verschmerzen können, dass seine Akquise-Bemühungen nicht mehr reüssieren..

Etwas anderes ist das bei der Kollegin. Soweit ich weiß, ist sie nach wie vor auf Einkünfte aus ihrer Trainertätigkeit angewiesen. Glücklicherweise scheinen ihre Akquisitionsbemühungen, wie ich zuletzt hörte, einige Aussicht auf Erfolg zu haben. Glückwunsch!

Ja, das wär's: gebraucht zu werden ohne ständig neue Akquisitions- und Bewerbungsrunden sowie -anstrengungen und dann nur noch so viel und so lange zu arbeiten, wie man will. Bis irgendwann der Akku leer ist und man selbst keine Lust mehr hat (und dann genau das gleiche Leben führt, wie die, die mit der Sollbruchstelle 65 gleich ihren Abschied vom Berufsleben nahmen).

Sanfter, allmählicher und schrittweise geplanter Übergang ins Arbeits-Aus, welch' schöne heile Welt. Aber selten die von Menschen, deren Berufsleben hohe mentale und physische Anforderungen gestellt hat oder die viel Zeit, Energie und Leidenschaft in ihre Arbeit investiert und hohe Verantwortung in wichtigen Funktionen getragen haben. Da gelingen sanfte Übergänge kaum.

Dabei fällt mir ein Horror-Workshop ein: Ein kleines, typisch norddeutsches Unternehmen, vom Vater gegründet, im Übergang zum Sohn, ein neues Führungsinstrument soll implementiert werden. Teilnehmende im Workshop sind neben Vater und Sohn drei Mitglieder der Geschäftsführung, die auch kleine Anteile im Unternehmen haben. Ein Familienbetrieb also. Und entsprechend konfliktbeladen (was ich in diesem Ausmaß vorher nicht ahnte). Ich habe auf der Teilnahme des Alten bestanden, anders hätte das alles überhaupt keinen Sinn gehabt.

Hat es leider auch so nicht: Ich moderiere nach allen Regeln der Kunst an. Dann arbeite ich mich mit Fragen, Brainstorming und anderen Kreativ-Methoden allmählich und sensibel zum Sinn, Zweck, Verständnis und Nutzen des neuen Führungsinstruments vor (ein von mir entwickeltes Jahreszielvereinbarungsgespräch - der Sohn kannte es bereits und hatte deshalb auch den Workshop bestellt). Noch läuft der Workshop zielorientiert und gut: Der Vater und Unternehmensgründer zeigt sich zu meiner Überraschung überzeugt und ist sehr angetan, spricht mit vollem Pathos für die Einführung dieses Konzepts. Nur, fürchte ich leise immer mehr, hat er das Konzept und die

Philosophie dahinter in der ganzen Konsequenz letztlich noch nicht verstanden. Denn in der Diskussion der einzelnen Schritte dieses strukturierten Jahreszielvereinbarungsgesprächs, gibt's vom Senior immer heftigeren Protest (und vom Junior immer öfter verzweifeltes Augenrollen). O.k., Pause machen, Small Talk im Flur, Gemüter beruhigen, sacken lassen, mal mit diesem, mal mit jenem ein paar Worte wechseln. Stimmung aufnehmen - und dann wieder zurück in den Seminarraum.

Viel hilft das nicht. Zwar ist dem Senior der bemühte Wille anzumerken, sich positiv und konstruktiv korrekt zu verhalten - doch das hält nie lange vor: Immer wieder bricht bei ihm ein emotionsgeladenes Contra durch (und oft sogar bei Stellen, die er vorher mit dem Brustton der Überzeugung befürwortet hatte) - unberechenbar, hoch emotional -, und seine Mimik beobachtend sehe ich eine tiefe Verzweiflung, fast, als ob er gleich anfangen würde zu weinen.

Da kämpft einer verzweifelt darum, seiner Arbeit, seiner Leidenschaft als unbeschränkter Unternehmer und Alleingestalter weiter frönen zu können. Jemand, dessen Verdienste und Fähigkeiten unbestritten sind und der so einen Auftritt bei diesem Workshop-Thema ganz bestimmt nicht nötig hätte. Der aber gleichzeitig erfahren muss, dass er vielleicht doch ersetzbar wird. Traurig für alle Beteiligten.

Irgendwie kamen wir damals zum Ende. Ich hatte noch überlegt, ob ich in diesem Fall eine Kollegin anbieten sollte, die auf Nachfolgeprobleme spezialisiert ist. Doch der Junior winkte bei der ersten unverfänglichen Andeutung in diese Richtung sofort ab (und recht hatte er): Am Senior lag es, die Notwendigkeit dafür zu erkennen und den ersten Schritt zu tun. Daran war allerdings erst einmal nicht zu denken. Hin und wieder habe ich noch Kontakt zu diesem Unternehmen: Geschäfte so lala, Stimmung mies, der Senior kündigt immer noch seinen allmählichen Rückzug aus dem operativen Geschäft an ... und der Junior ist vorerst auch immer noch da (tragisch: Wo anders hätte er eine steile Karriere machen können, dem Vater zuliebe hat er darauf verzichtet). Keine Lösung in Sicht.

In meiner Berater- und Trainertätigkeit erlebte ich drei oder vier andere Fälle, wo Vater und Sohn, Chef und designierter Nachfolger, in Workshops saßen. Einfach war das nie, da spürten alle unterschwellige Spannungen. Aber bei weitem nicht so heftig, wie im geschilderten Beispiel.

Leidenschaftlich etwas tun und dann damit plötzlich aufhören zu müssen, loslassen und sich zurückziehen zu können - schwierig. Sehr schwierig. Auf jeden Fall bleibt die Leidenschaft auf der Strecke. Wohin damit?

Das betrifft mehr Menschen, als man denkt. Während der allgemeine Rentenbeginn per Gesetz stufenweise auf das Alter von 67 Jahren angehoben wurde (und schon Rufe nach einer Arbeitszeit bis zum 70. Lebensjahr laut werden), endet ja beispielsweise bei Angehörigen einiger Berufe (Polizei, Militär, Feuerwehr) das offizielle Berufsleben weit vor dem sechzigsten Lebensjahr. Und zwar definitiv. Eine Weiterbeschäftigung nach Bedarfslage oder in Teilzeit ist im gewohnten Beruf noch kaum möglich. Das gleiche gilt immer noch für Vorstände und höhere Manager in höheren Funktionen in einigen großen Unternehmen, die schon mit 60 Jahren ihren Schreibtisch räumen müssen (wäre ich noch in meinem letzten Job, wäre ich seit fünf Jahren im Ruhestand - nicht vorstellbar). Natürlich ist in beiden Gruppen ein anderes Engagement - eine echte Afterwork-Karriere, finanziell bereits mit guten Ruhestandsbezügen abgesichert, möglich. Ehrenamtlich immer. Sofern noch Lust und Laune vorhanden.

Doch dann gibt's gerade bei Spitzenpositionen in der Wirtschaft noch ein kleines, gemeines Handicap: Wie viele Topmanager werden eigentlich ordentlich aus ihrem Angestelltenjob in ihren Ruhestand verabschiedet - und wie viele schon vorher, unfreiwillig?

Ich vermute, dass ein nicht gerade kleiner Prozentsatz von Topmanagern die übliche Sollbruchstelle zum Ruhestand gar nicht erreicht. Ihre Verträge werden schon vorher nicht verlängert, sie werden gefeuert.

Die müssen ja - denke ich - in ein bodenloses Loch fallen. Oder sie verdrängen ihr Schicksal gekonnt (ist ja angeblich eine Managertugend).

Doch an vollkommenes und erfolgreiches Verdrängen-Können will ich nicht glauben. Zu viele kenne ich, die erfolgreiches Verdrängen zwar vorgeben und insgeheim umso heftiger darunter leiden. Bei den wenigen, dieses Verdrängen, besser: Abarbeiten, wirklich geschafft haben, vermute ich eher eine Gabe, sich auf etwas ganz Anderes konzentrieren zu können und damit Vergangenes langsam aber sicher allmählich verblassen und tatsächlich in die eigene Vergangenheit abschieben zu können.

So einfach ist das aber nicht.

3) Ausgestoßen

Wir schippern von Carriacou nach St. George's auf Grenada. Etwa sechs Knoten Fahrt unter halbem Wind, Kurs Südwest. Die Insel Grenada liegt bereits seit einiger Zeit etwas entfernt auf unserer Backbordseite. Hin und wieder irgendeine harmlose Bemerkung von irgendjemandem.

Also dösen wir unter der karibischen Mittagssonne so vor uns hin. Wir: Das sind zwei Paare, die nicht zum ersten Mal in dieser Region zusammen segeln, dazu zwei Freunde und mit an Bord diesmal ausnahmsweise auch ein rabenschwarzer einheimischer Skipper, Captain Ben. Den hat sich unser Freund Rolf, ein sehr erfolgreicher Unternehmer und liebenswerter Mensch, ausnahmsweise zu seinem sechzigsten Geburtstag gegönnt. Mit Rolf als Skipper und seiner Lebensgefährtin Sigrid waren wir zuvor schon mehrere Male in diesem fantastischen Segelrevier unterwegs - die beiden haben uns wunderbar eine völlig neue, faszinierende   Welt erschlossen. Vor wenigen Tagen haben wir Rolfs sechzigsten Geburtstag fröhlich während dieses Trips auf der Insel Bequia gefeiert. Mit Captain Ben.

Gemütlich zieht die Küste von Grenada weiter an uns vorbei. Wer damals am Ruder stand, weiß ich heute nicht mehr. Aber ich erinnere mich, dass Markus, zum ersten Mal dabei, auch nach zehn Tagen Segeln in der Karibik immer noch neugierig und unruhig hierhin und dahin schaut, dort etwas entdeckt, da unbedingt nochmal fotografieren muss.

Stört ja nicht weiter. Guter Wind, sanfte Bewegungen der Yacht auf Kurs über Wellenberge und -täler, glitzerndes, die Sonne reflektierende Wellenkämme endlos nach Westen, in der Ferne ein Segler, hier ausreichend Schatten, Luft und kühle Getränke im Cockpit unter dem nach allen Seiten offenen Stoffverdeck. So könnte es weiter gehen ...

Plötzlich Markus: "Da hinten is' was - ein Wal?" Alles wach. Schlagartig! Und tatsächlich, knapp eine Seemeile recht achteraus sehen wir eine Wasserfontäne auf dem Meer. Jetzt dort noch eine Bewegung. Ferngläser! Dann peitscht eine riesige Fluke aus dem Meer in die Luft - und weg ist die Erscheinung.

Captain Ben springt ans Ruder, übernimmt: Der Motor springt an, "Drop the sails!" Segel rauschen nach unten, eine scharfe 180-Grad-Wende, und mit voller Kraft steuert Captain Ben die Yacht zu der Position, wo eben noch die Fluke zu sehen war: "May be we'll see it again!".

Nix may be. Der Wal bleibt abgetaucht. Aufgeregt und zunehmend etwas enttäuscht diverse Mutmaßungen darüber in unserer Crew, während Captain Ben noch ein paar Mal hin und her kreuzt. Schließlich seine Ansage: "Set sails, we lost it, let's move". Alter Kurs, Motor aus, jemand übernimmt wieder das Ruder.

Ich gebe mich noch nicht ganz geschlagen: "Aber Wale sind doch immer in Gruppen, in sogenannten Schulen zusammen, wo sind denn die anderen, wenigstens die müssten wir doch sehen?!" Muss nicht, erwidert der karibische Skipper, das war bestimmt ein alter männlicher Wal, der von der Gruppe ausgestoßen wurde, ein Einzelgänger. Wale haben ein hierarchisches System mit harten Rangeleien um die Spitze. Die Verlierer werden vertrieben und leben dann allein weiter. Als geborene Gruppen- und Familienwesen jetzt von allen anderen völlig isoliert und auf sich gestellt in den unermesslichen Weiten und den dunklen Tiefen des Ozeans. Bis auf 3.000 Meter Tiefe können einige Wale tauchen. - "Tschüss, alter Wal", denke ich, "mach's gut!"

Ausgestoßen. Das kenne ich, das ist mir auch passiert. 46 war ich damals, Leitender Angestellter und nach einer Umorganisation im Konzernbereich (blutjunge Vorstandsassistenten mussten ranghoch untergebracht werden) plötzlich im Weg. Das Trennungs-Gespräch war knapp (da brauchte man auch nicht viel herumreden), meinem auch heute noch geschätzten Chef von damals fiel es vielleicht sogar schwerer als mir - aber draußen ist draußen. Eindeutig.

Nun, so schlimm war's für mich dann auch wieder nicht. Im Gegenteil: Ich wollte mich ja sowieso selbständig machen und hatte mit einer vertraulichen Sondergenehmigung meines Chefs und des Bereichsvorstandes nebenberuflich schon ein Jahr vorher meine eigene Beratungstätigkeit starten dürfen. Jetzt kam genau der Schubs, den ich noch brauchte. Eine dank guter Abfindung nicht allzu harte Landung in das freie, selbständige Berater-Leben.

Doch noch Jahre später träumte ich immer wieder diesen oder einen ähnlichen Traum: Ein Meeting im Konzern, viele Kollegen aus oberen Managementfunktionen vertreten, ich werde freundlich begrüßt, doch Gespräche laufen an mir vorbei, ich bekomme subtil zu spüren, dass ich nicht mehr dazu gehöre. Bitteres Erwachen. Jedes Mal.

Noch bitterer erging es jedoch Jahre später meinem damaligen Chef: Wie ich hörte, wurde er im Urlaub gefeuert und durfte nicht einmal mehr ins Unternehmen kommen und sich von seinen Führungskräften und Mitarbeitern verabschieden. Brutal. Der Grund seines Rausschmisses ist mir nicht bekannt. Vielleicht störte einfach seine Persönlichkeit und seine Verwurzelung im Unternehmen. Denn das war inzwischen an eine Private Equity-Gesellschaft verkauft worden und deren Manager hatten ihre ganz spezielle Art.

Kein Einzelschicksal. Fast ein halbes Dutzend meiner Kunden in Geschäftsführerpositionen haben im Lauf meiner zwanzigjährigen Beratertätigkeit von jetzt auf gleich ihre Schreibtische räumen müssen. Und nicht (soweit ich weiß), weil sie geschäftlich schlecht performed hätten. Sondern, weil sie vermutlich unwissentlich irgendwann irgendjemandem im Weg gestanden, dummerweise temperamentvoll eine eigene Meinung zum falschen Zeitpunkt am falschen Ort vertreten hatten und /oder weil sich bei Eignern und anonymen Strippenziehern allmählich immer mehr Neid und Eifersucht aufgebaut hatten, die eine Lösung forderten. Tragisch. Und mehr als den Betroffenen einen Experten vermitteln, konnte ich auch nicht tun - Personalvermittlung oder Headhunting verträgt sich nicht mit meiner Arbeit.

Nur kurz habe ich dann jeweils mit den Geschassten gesprochen. Austausch der Fakten, ein paar Reflektionen, Vermutungen, Chancenabwägung im Markt. Mehr war da nicht, das gebot auch der in guter Zusammenarbeit entwickelte gegenseitige Respekt. Jeder von uns verstand jeweils sofort die Situation des anderen. Jetzt Gefühlslagen auszuwalzen oder Trauerarbeit zu leisten war nicht im Sinne meiner ehemaligen Kunden - und in meinem auch nicht. Was hätte es denn geholfen?

Ganz anders vernahm ich es da vor mehreren Jahren in einem Projekt über ehrenamtliches Engagement von Menschen über 50 Jahren. Bei diesem Projekt erforschte ich die Motivation fürs Ehrenamt bei ehemaligen Führungskräften (nicht aus meinem Kundenkreis). Nebenbei kamen da natürlich auch deren Befindlichkeiten nach freiwilliger oder unfreiwilliger Abdankung aus ihrem Berufsleben zur Sprache. Da brachen dann kaum kontrollierbare, heftige Gefühle durch. Drei Beispiele, die für viele stehen:

Der ehemalige Vorstand eines mittelständischen Unternehmens kann es auch nach Jahren nicht verwinden, dass man seinen Vertrag deutlich vor Erreichen der Altersgrenze nicht verlängert hatte. Mit kaum unterdrückter Wut berichtet er detailliert, mit welch intriganten Methoden er ins Aus bugsiert wurde, um einem bis dahin stets unterlegenen Rivalen Platz zu machen. Ja, auch er träumt immer wieder von Zusammenkünften in seinem früheren Unternehmen, auch er erfährt im Traum die Demütigung, ausgestoßen zu sein.

Ein gefeuerter Geschäftsführer eines größeren Filialunternehmens erhielt seine sofortige Kündigung nach Verleumdungen seiner (psychisch labilen) Sekretärin, ohne sich ausreichend verteidigen zu können. Facettenreich schildert er den eigentlichen Kündigungsgrund:

Sein Erfolg hatte lange die Durchsetzung eines anderen Geschäftsmodells für den Konzern ausgebremst, das im Vorstand heftig umstritten war. Jetzt, ohne ihn, habe man das neue Geschäftsmodell zügig eingeführt. Obwohl er jedoch von den psychischen Problemen seiner Sekretärin schon lange gewusst habe, hatte er sie schützen wollen und deshalb nicht gekündigt. Noch heute quält ihn fast körperlich, dass er - vor allem nachts - immer noch darüber grübeln muss, ob er seinen Abgang hätte vermeiden können, wenn er seine Sekretärin vielleicht doch gekündigt oder sie in eine therapeutische Behandlung geschickt hätte.

Nur noch Sarkasmus und Negatives, diagnostiziert die Ehefrau eines Ruheständlers, der ohne die bei höher positionierten Managern übliche Verabschiedung durch den Vorstand aus dem Unternehmen schied. Der Betroffene gibt zu, ja, so wirklich fröhlich habe er schon lange nicht mehr sein können. Vermuteter Grund der Vorstands-Absenz beim Abschied in den Ruhestand: Ein Interview von ihm, dem damaligen Entwicklungschef, in der Fachpresse vor ein paar Jahren abgedruckt. Alle hätten das Interview gut gefunden und ihm gratuliert. Nur der Vorstand nicht ("der hatte nichts für Presse übrig"), der habe ihn seither regelrecht geschnitten. - Seinen Abgang nach 23 Jahren überaus erfolgreicher Unternehmenszugehörigkeit hatte er sich anders vorgestellt, sein Ende vergällte ihm alle Erfolge und Freude im Unternehmen die vielen Jahre vorher. Umsonst gelebt, umsonst gearbeitet?

Was mir jetzt auffällt, während ich das schreibe - vielleicht fällt es Ihnen beim Lesen ja auch auf - ich schreibe in diesem Kapitel "Ausgestoßen" nur über Männer.

Zufall? Absicht? Anderer Grund?

Vermutlich "anderer Grund". Denn unter meinen gefeuerten Kunden war nur eine Frau, die sich mir gegenüber zu ihrer Gefühlslage nach Kündigung auch nicht anders äußerte als ich es in den oben beschriebenen Statements der Männer vernahm. In dem "Engagement-Projekt", aus dem ich eben Beispiele beschrieben habe, hatten sich keine Frauen zum Interview gefunden. Und schließlich beobachte und beschreibe ich hier ausschließlich das Ausscheiden aus Unternehmen.

Denn in der Politik oder anderen Organisationen und Vereinen stellt sich das Thema möglicherweise anders dar. Dort muss man nicht unbedingt ausscheiden, wenn man Niederlagen erleidet oder die Altersgrenze erreicht hat. Da ist mit ein wenig Glück und Geduld ein Comeback möglich (sofern die Organisation groß genug ist und man genügend Unterstützer für seine Politik neu aktivieren kann). Niederlagen und der Verlust von Funktionen sind dort sicherlich genauso bitter, lassen jedoch Rachegedanken und Hoffnung auf glorreiche Wiederkehr durchaus zu.

So weiß ich zumindest von zwei Frauen, die nach heftigen Niederlagen in Spitzenpositionen zweier völlig unterschiedlicher Organisationen (keine Unternehmen, kein Rausschmiss) sehr gelitten haben. Sie zogen sich zurück und nahmen sich eine Auszeit. Doch dann kamen sie wieder und begannen, sich erneut zu positionieren.

Es wäre vielleicht einmal ganz interessant, grundsätzlich zu hinterfragen, ob Frauen, die Führungspositionen verlieren, Niederlage oder Abschied anders als Männer verarbeiten.

Oder Frauen sind klüger als Männer und gehen, bevor sie ein bitteres Ende erleben und ausgestoßen werden. Oder sie gehen, weil sie wirklich ganz andere Erwartungen an das Leben haben als Männer.

Denn auch das habe ich in meiner Beratungspraxis erlebt: Frauen in mittleren und oberen Führungspositionen in Unternehmen, die ohne Not mitten in ihrer Karriere gekündigt haben, um ihr Leben selbstverwirklichend ganz anders aufzustellen. Kommentar zum Abgang aus dem Unternehmen: "Das muss ich mir nicht noch weitere zwanzig Jahre antun". Gut, wenn man sich das leisten kann.

Oder: Gut, wenn man den Mut hat, auch mit heftigen materiellen Einbußen und Verzicht sein Leben aus innerer Überzeugung anders zu gestalten.

Oder aber auch: Naivität, im Zeitpunkt der Kündigung zu meinen, es werde schon alles gut gehen und Verlusterfahrungen oder Phantomschmerz zu unterschätzen - oder, besser: gar nicht erst zu erleiden, weil man (frau) ja nun ein Leben nach eigenen Gesetzen lebe. Nur darauf komme es an.

Da muss man im Glauben schon sehr fest sein. Oder verblendet. Oder - wie schon geschrieben - naiv.

Zudem: Es muss ja nicht gleich ein Rauswurf sein. Schon der Verlust von Statussymbolen und Privilegien schmerzt mehr, als man vorher vermutet.

Auch das habe ich einmal selbst erlebt. Äußerlich harmlos, innerlich heftig. So habe ich vor zig Jahren eine neue, herausfordernde und breitgefächerte Aufgabe in einem anderen Unternehmen übernommen. Ein echter Karriereschritt und Basis für eine aussichtsreiche weitere Entwicklung. Doch im neuen Unternehmen galt eine andere Reisekostenordnung: Nicht mehr 1. Klasse in der Bahn, nicht mehr Business-Class im Flieger, nicht mehr in den besseren Hotels absteigen. Plötzlich befand ich mich auf Geschäftsreisen unter Billigtouristen, Familien mit ausgepackter Brotzeit und wuseligen, raumgreifenden Kindern (Achtung: Gefahr überschwappender Kindergetränke und Flecken durch frei fliegende Fritten auf dem Anzug), biederen Pensionären, geknechteten Angestellten in billigem Outfit oder gar in Sweatshirts und mit Turnschuhen - grausig. Das musste ich auf Geschäftsreisen nun wirklich nicht haben. Ich litt.

Nun gut, das mag sich heute grundlegend geändert haben: Eine neue, vom Sparzwang diktierte Bescheidenheit etwa ab der Jahrtausendwende zwingt inzwischen längst auch gut verdienende Manager in die meistens schäbige 2. Klasse der Bahn und auf die engen Economy-Sitze der Airlines.

Wie auch immer: Dieses Downgrading damals vergällte mir den neuen Job mehr als ich zugeben wollte. Vielen anderen geht es genauso. Vielleicht ist es gerade der drohende Verlust von Privilegien, der viele Expatriates entwurzelt im Ausland hält - mal im Oman, mal in Mexico oder Indonesien. Denn dort genießen Manager deutscher Niederlassungen oder Tochtergesellschaften einen Status und Zuwendungen, die sie zu Hause nicht erhalten. Beziehungsweise, die sie bei Rückkehr wieder abgeben müssen. Ein guter Grund, lieber weitere Auslandsengagements des Unternehmens zu übernehmen und als Satelliten in weitem Abstand um Deutschland und Europa herum zu vagabundieren, statt zurückzukehren. Trotz mancher Unbill in fernen Ländern.

In meinen Führungsseminaren stelle ich jungen Führungskräften am ersten Vormittag gern eine Falle. Es gilt, einige sinnige und unsinnige Kriterien zu diskutieren, woran man eine Führungskraft im Unternehmen zu identifizieren sei. Eine dieser Thesen lautet: "Eine Führungskraft erkennt man an ihren Statussymbolen". Da sagt kaum jemand "ja". Die meisten meiner jüngeren Teilnehmenden im Seminar lehnen diese Behauptung kategorisch und empört ab. - Und was meinen Sie?

Nie werde ich jedenfalls vergessen, wie mich nach dieser Frage im Seminar ein Geschäftsführer in der Pause grinsend beiseite nahm und mir flüsterte, dass sein Vertriebsleiter, der sich im Seminar eben noch vehement gegen Statussymbole als Erkennungsmerkmal von Führungskräften ausgesprochen hatte, vor einigen Tagen als erster bei ihm wegen eines - seiner Funktion entsprechenden - neuen Dienstwagen vorstellig wurde ...

Nicht diskutabel: Statussymbole sind Erkennungsmerkmale für Menschen mit besonderen Funktionen in ihren Organisationen. In jeder Kultur, zu jeder Zeit. Auch, wenn Statussymbole nicht unbedingt das sind, was man sich gemeinhin darunter vorstellt. Statussymbole für Führungskräfte reichen von der Dienstwagen-(Parkplatz)-Regelung über die Einladung zu Meetings und Führungskreisen bis hin zur Zahl der Fenster im Büro.

Statussymbole haben sogar weit mehr Funktionen: Sie sind (geheime) Zeichen, die oft nur die Mitglieder einer Gruppe verstehen und einordnen können, und die genau damit diese Gruppe auch zusammen halten und von anderen abgrenzen.

Die besten Beispiele bieten traditionelle hierarchische Strukturen: Die verschiedenen Rangabzeichen beim Militär kennen meist nur Soldaten. Für Außenstehende dürfte es schwer sein, aufgrund von Rangabzeichen einen Generalmajor von einem Generalleutnant zu unterscheiden und zu wissen, wer der Ranghöhere ist (der Generalleutnant, nicht der -major). Während das allerdings noch relativ überschaubar ist, ist es selbst für Katholiken schwer, allein am Wappen ihrer geistlichen Würdenträger zu erkennen, ob es sich um einen Bischof, einen Erzbischof oder einen Abt handelt. Und nur Kenner können an der Helmzier ein bürgerliches von einem adligen Familienwappen unterscheiden. Übrigens: Auch Rockerbanden haben ihre Symbole und Rangabzeichen, die Zugehörigkeit und Status des Trägers in der eigenen Gruppe signalisieren und Außenstehenden nichts bedeuten. Ebenso Pfadfinder oder Förster. Und Frauen taxieren andere über Handtaschen, Schuhe und Edel-Klamotten bestimmter Modelabels, die dem, der sie nicht kennt, nun gar nichts sagen.

Wenn Sie das jetzt lesen: Kommt das für Sie alles gar nicht infrage? Ist das für Sie eine ganz andere Welt, weil Sie das Hackordnungsgerangel in Unternehmen oder Organisationen sowieso anödet und Vereinsmeierei nie Ihr Ding war? Oder gibt es bei tieferem Nachdenken nicht auch in Ihrem Leben, in Ihren Kreisen, in denen Sie sich bewegen, Statussymbole? Mehr oder wenige versteckte Kennzeichen, Werte oder Verhaltensweisen, die Ihre Zugehörigkeit zu bestimmten Gruppen und ihre Position darin kenn-zeichnen? Vermutlich. Beruflich, wie privat, wie gesellschaftlich. Funktion dieser Symbole ist es: zu unterscheiden, einzugrenzen und abzugrenzen.

Denn, simpel gesprochen: Wenn ich nicht weiß, was eine Rolex ist, oder wenn ich sie nicht erkenne, ist das für mich auch kein Statussymbol, sein Träger kann damit bei mir nicht mit seinem Status als wohlhabender Rolexträger punkten. Nur die, die selbst Uhrenliebhaber sind, die wissen eine Rolex und ihren Träger einzuschätzen (über Statussymbole habe ich auch früher schon umfassend geschrieben).

Gegenmeinung: Hierarchien und Statussymbole haben nun wirklich ausgedient. Gerade den neuen Unternehmen der "Generation Y" ist das nicht mehr wichtig, die haben das alles nicht mehr nötig.

Bitte mal genau hinschauen! Auch und gerade die Unternehmen des Internetzeitalters haben und pflegen Statussymbole. Aber deren Kennung ist für Außenstehende subtiler geworden: Wer darf/muss wann in welchem Forum welche Meinung wozu äußern, wer braucht das nicht, wer hat danach im einen oder anderen Fall unmerklich keine Chancen mehr auf Weiterentwicklung, wer hat wozu welchen Account, wer hat welchen Titel auf der Visitenkarte, wer ist der Karriere willen gehalten, sichtbar länger im Büro zu sein oder danach auch noch zuhause zu arbeiten (vor allem aber: wer nicht!), wer muss jederzeit überall auf der Welt erreichbar sein ...

Zu jeder Zeit in jeder Kultur hat es natürlich immer mal wieder Bewegungen gegeben, Hierarchien und Statussymbole abzuschaffen. Propagiert vor allem von denen, die (noch) keine haben oder die eine kleine Revolution in ihrer jeweiligen Organisation anzetteln wollten (allein schon solche Forderungen machen verdächtig - meist werden Hierarchiebezeichnungen und Statussymbole etwas später einfach durch andere ausgetauscht).

Doch spätestens dann, wenn man sie unversehens verloren hat, merkt man, dass man sehr wohl Statussymbole in einer Organisation genossen hatte und mit dem Verlust dieser Statussymbole den gewissen Kreisen eben nicht mehr angehört. Da war doch was? Richtig: Ausgestoßen!

Alles, was bisher galt, und mit dem Engagement in einer Organisation oder Gruppe das eigene Leben weitgehend bestimmte und Orientierung geboten hatte, gilt nun nicht mehr. Weg und vorbei. Leere. Denn einen Ersatz dafür kann man sich nicht einfach kaufen. Oder doch? Edel-Shopping als Ersatzhandlung für ganz andere Verluste. Denkbar. Aber kein wirklich befriedigendes Lebensbewältigungskonzept.

4) Rache

Was in dem alten, ausgestoßene Wal wohl vorgehen mag, wenn er endlos einsam durch die Weltmeere taucht? Empfindet er Einsamkeit, Sehnsucht, Verzweiflung - hat er Rachegelüste? Wir wissen es nicht.

Bei Menschen ist das anders. Wir wissen, dass Kränkung, Zurückweisung und Verstoß aus der Gruppe grausame und sogar selbstmörderische Rache-Reaktionen auslösen können, die auch und gerade über viele Unschuldige unermessliches Leid und Unglück bringen.

Nicht nur in medienträchtigen Ausnahmefällen. Ich denke schon, dass alle, die mit einigermaßen Temperament ausgestattet sind und von ihrer Gruppe ausgestoßen werden, Rachegefühle entwickeln. Mehr oder weniger ehrlich. Vielleicht nicht so sehr die, die mit einem ehrenvollen Abschied zu angemessener Zeit den geordneten Rückzug ins Privatleben antreten (oder angetreten werden). Wohl aber die, die gefeuert, abgewählt oder zum freiwilligen Abgang gezwungen wurden. Ich kann mir nicht vorstellen, dass gerade diese Menschen solch einschneidende Verzichte, Niederlagen und Demütigungen ganz und gar ohne innere Regungen oder wenigstens mit dem Gedanken "euch werd' ich's noch zeigen" hinnehmen und dann ausgeglichen und mit sich und der Welt im reinen einen neuen Lebensabschnitt beginnen. Das wäre doch zu einfach.

Natürlich äußert man Rache- und Vergeltungsgelüste nicht öffentlich. Zumindest, wenn die Betroffenen nur halbwegs klar im Kopf sind und Selbstdisziplin aufbringen. Denn dann würde man sich ja als Verlierer outen. Zudem steht Rachenehmen nicht besonders hoch im Kurs unserer heutigen Moralanschauung.

Nicht so im Sport. Da ist Rache erlaubt und gilt sogar als ehrenhaft bis sportlich notwendig, ja steigert nach entsprechender Ansage ganz entschieden die TV-Einschaltquoten bei Übertragungen solcher Wettkämpfe. Interessant.

Doch diesseits der Sportarenen und -Hallen sind Rachegelüste verpönt. Und werden dennoch heftig ausgelebt - in Büros, Werkstätten, Familien, Beziehungen ... Eben überall dort, wo Menschen zusammenkommen und miteinander zu tun haben.

Rache wird geübt, um verletzte Ehre wieder her zu stellen und erlittenes Unrecht zu sühnen. Rache wird in vielen Kulturen auch heute noch durchaus als ehrenwert angesehen. Ja, sogar als notwendig. Und Menschen und Familien, die keine Rache für erlittene Schmach üben, werden in einigen Gemeinschaften oft mehr verachtet als die eigentlichen Übeltäter. In unserer Gesellschaft dagegen geht das schon lange nicht mehr (glücklicherweise!). Da hat allein der Staat das Rechtssprechungs- und Gewaltmonopol und die Tötung aus Rache kann dabei sogar als Mord aus niederen Beweggründen gewertet und entsprechend hart bestraft werden.

Doch das schließt das gemeine, alltägliche Rachenehmen knapp unterhalb der juristischen Relevanzschwelle nicht aus. Bei den allermeisten Rachefeldzügen unserer Tage gibt es allerdings keine Toten. Sehr wohl aber vernichtete Existenzen und kaum heilbare seelische Verwundungen. In der Wirtschaft wird das seltener öffentlich. In der Politik und Verbänden sind jedoch solche selbst- und andere vernichtende Rachefeldzüge allerdings häufig zu beobachten (während ich das schreibe, hat kurz vor Weihnachten 2014 gerade der an Kinderpornos gescheiterte SPD-Politiker Sebastian Edathy seinen großen, finalen Auftritt mit bösen Belastungen ehemaliger Freunde und Unterstützer und gleichzeitig beschlammschlachten sich Fußballfunktionäre wegen des Rücktritts eines FIFA-Chefermittlers in Sachen Korruption). Rache- und Vergeltungsaktionen sind bei genauerem Hinsehen nahezu Alltag in Organisationen, in denen das Spitzenpersonal mehr oder weniger demokratisch legitimiert wird. Da können sich offenbar - anders als in straff organisierten, leistungsorientierten hierarchischen Gruppierungen wie Wirtschaft, öffentliche Verwaltung, Militär und Kirche - sehr unterschiedlich ausgerichtete Triebkräfte ziemlich ungehindert breit entfalten und Mehrheiten finden für ihre Rachefeldzüge.

Da stellt sich unweigerlich die Frage: Was treibt uns Menschen denn eigentlich, was motiviert uns, das eine zu tun und das andere (besser) nicht?

Als idealer Erklärungsansatz für die menschliche Motivation gilt seit zig Jahren stellvertretend für viele andere die Maslowsche Bedürfnispyramide. Als Gegenentwurf zu dem bis dahin eher pessimistischen und triebgesteuerten Menschenbild in der Psychologie entwickelte der nordamerikanische Psychologe Abraham Maslow (1908-1970) bereits 1943 ein Modell, das im Rahmen eines ganzheitlichen Konzepts die individuelle Selbstverwirklichung an die Spitze einer Motivationspyramide stellt. Danach trachtet der Mensch auf der untersten Stufe dieser Pyramide zunächst danach, seine physischen Bedürfnisse (Nahrung, Schlaf) zu befriedigen. Ist dieser Wunsch erfüllt, sucht er auf der nächsten Stufe Sicherheit und danach soziale Beziehungen. In der vierten Stufe schließlich will er seine Bedürfnisse nach individueller Stärke und Anerkennung befriedigen, um schließlich auf der fünften und obersten Stufe sein volles Potenzial auszuleben, sich selbst zu erfüllen. Dabei gilt: Selbstverwirklichung oder individuelle Anerkennung gelingen natürlich nur, wenn die Bedürfnisse auf den unteren Stufen der Pyramide stabil erfüllt sind.

Mit diesem Modell lässt sich trefflich arbeiten. Zudem ist dieses Modell bekannt und populär - Maslow war davon angeblich selbst überrascht und hat viel für die weitere internationale Vermarktung seines Modells getan. Hunderte Wissenschaftler, Marketing- und Kommunikations-Gurus forschten bislang darüber und nutzen und ergänzen es in die eine oder andere Richtung, Zigtausende Trainer und Lehrer setzen es als Erklärungsansatz für die menschliche Motivation erfolgreich ein (auch, wenn die Hirnforschung nun Besseres bietet).

Natürlich ist so ein Modell populär! Es ist einfach, optimistisch, erklärt viel, spornt an und lässt sich von hoffnungsvollen Schülern, Studenten und Seminarteilnehmern sofort positiv am eigenen Erleben nachvollziehen. Ich nutze es auch, freue mich, wenn es die meisten meiner Seminarteilnehmer schon kennen oder sich daran erinnern und erziele damit, egal in welchem Zusammenhang ich dieses Modell einsetze, immer Aha-Erlebnisse und fröhlichen Erfolg. Genial!

Doch irgendwie habe ich mich mit dieser schöngeistig stimmigen Vorstellung nie wirklich vollends anfreunden können. Menschen, die keine Lust (Motivation) oder Fähigkeit haben, irgendetwas in Richtung Selbsterfüllung anzustreben, kommen darin einfach nicht vor. Menschen, die lieber in allen Dingen des Lebens irgendwo mitlaufen und aus oft geübter Vorsicht, Unfähigkeit oder simpler Bequemlichkeit niemals auch nur daran denken, etwas eigenständig zu tun und sich kaum über die ersten beiden Stufen der Bedürfnispyramide hinaus bewegen, sind in diesem Modell ziemlich ausgeblendet beziehungsweise - der Logik des Modells folgend - nicht weiter motivierbar. Auch Menschen, die sich beispielsweise nur langweilen.

Aber was sagt uns dieses Modell über die Motivation von Menschen, die eifrig jede Gelegenheit nutzen, um Zwietracht zu säen, anderen ihre Freuden zu zerstören, Gemeinheiten zu verbreiten bis hin zu Intrigen und Sabotage? Nichts.

Richtig: Für solch negativ eingestellte Menschen gibt es in den gängigen Motivations- und Kommunikationslehren der stets optimistischen Selbsterfüllungs-Gurus und -Trainer nur ideologisch gefärbte Theorien. Aber keine fundierte Handlungsanleitung, wie mit Leistungsverweigerern, Fieslingen und intriganten Menschen etwa im Führungsalltag wirksam und zum Schutze anderer final umzugehen ist.

Deswegen werde ich im Seminar dann gern zum Spielverderber und frage, nachdem Maslows Motivationsmodell gebührend gewürdigt wurde, in die Runde: "Maslow kennen wir nun in etwa. Und wer von

Ihnen kennt Luzifer?" Grübel, grübel, da war doch was ...? Richtig, da war was.

Die Geschichte dazu, aus den verschiedenen überlieferten Mythen zusammengefasst und neudeutsch erzählt, geht so: Da war einmal ein High Potential. Jung, charmant mit Sex-Appeal, hochintelligent, topfit und mit charismatischer Ausstrahlung. Klar, dass der Karriere machte. Alles, was er anpackte, gelang. Ein absoluter Sieger- und Gewinnertyp. Doch dann wurde er plötzlich gestürzt: Sei es, dass er der Eignerfamilie zu nahe gekommen war und sich selbst arrogant überschätzend Positionen begehrte, die ihm einfach verwehrt waren, sei es aber auch, dass andere Spitzenmanager neidisch und eifersüchtig wurden und sich in der Eignerfamilie das Plazet für seinen Sturz holten ... Was genau passiert ist, ist nie ganz geklärt worden, da gibt es verschiedene Versionen. Aber bei dem, was dann passierte, sind alle Quellen eindeutig: Dieser strahlende Siegertyp wurde gnadenlos gestürzt, er wurde buchstäblich zur Hölle geschickt.

Er überlebte. Doch seit diesem Zeitpunkt verwendet er alle seine Begabungen, all sein Wissen, sein Können und seine Verführungskünste, um die Ziele und Werte, die er bis dahin selbst leidenschaftlich verfolgt hatte, nun aufs Äußerste bis zur absoluten Vernichtung zu bekämpfen: Jung, charmant, mit Sex-Appeal, hoch-intelligent, topfit und mit charismatischer Ausstrahlung, gesegnet mit allen denkbaren und undenkbaren Verführungskünsten ...

Der Name dieses gestürzten Ausnahmetalents ist Luzifer ("Lichtträger" aus dem Lateinischen übersetzt). Anderswo bekannt unter den Namen Schaitan, Satan, Teufel.

Kaum eine Religion kommt ohne irgendeine Art von Teufel aus. Kaum einen Glauben gibt es, in der nicht ein gewaltiger Geist oder (Neben)-Gott als Menschenverführer vorkommt, einer, der mächtig ist und Rache nimmt an dem, was ihm bis dahin selbst heilig war. Dieses Wesen hat das Böse in die Welt gebracht. Natürlich erfolgreich.

Derart teuflisch gesehen macht die Maslowsche Bedürfnispyramide ja wieder Sinn. Man muss sie nur umkippen, mathematisch mal minus eins (x -1) nehmen und dann gilt deren Motivations- und Bedürfnishierarchie auch negativ. Ziel: Erst andere, dann sich selbst zerstören. Ganz am Ende (aber erst wenn alles andere kaputt ist) Selbstzerstörung als Selbsterfüllung. Ja, das passt doch.

Und weckt im Seminar zuerst Erstaunen - und dann erleichtertes Begreifen. Ach so! Damit wären ja endlich die vielen Mobbingversuche, die Eifersüchteleien, Schleimereien und Intrigen bis hin zur Sabotage erklärt. Und mehr: Es erklärt auch, warum gerade die Medien die meist verkauften Auflagen und die meisten Klicks erzielen, die vor allem Häme und Schadenfreude auftischen und warum wir jeden Skandal von Prominenten gierig verfolgen. Warum einige in sozialen Medien erfolgreich einen Shitstorm lostreten, von dem sich viele verführen lassen und folgen. Und schließlich, warum es einige Mitarbeiter gibt, die eigentlich nur Energie absaugen, nur negativ wirken und andere damit heimtückisch anstecken.

Ja, die gibt es. Reichlich. Und sie sind unangenehm.

Doch im Mainstream-Menschenbild von Personalentwicklern, Trainern und Coachs spielen sie eine ganz andere Rolle. Da sind sie eher Opfer statt Täter. Im Mainstream des Führungstrainings müssen Führungskräfte alles Mögliche mit sich machen lassen, um ihre Mitarbeiter zu motivieren, sie zu verstehen, die Ursachen ihrer Bosheiten psychologisch zu deuten (und damit nahezu legitimieren), darüber auch achtsam und mit hohem Einfühlungsvermögen sprechen zu können, zu vermitteln ...

Grausig. Für mich ist es immer noch erschreckend, wie viele völlig verunsicherte Führungskräfte in meine Seminare oder ins Einzelcoaching kommen, die gegenüber offenen und versteckten Attacken übel gesinnter Menschen in ihrem Umfeld völlig wehrlos sind. Dabei haben sie doch schon alle möglichen anderen Kommunikationskurse und Führungsschulungen besucht. Doch jedes Mal hörten sie dort, dass man jenen gegenüber, die sich nun nicht gerade als Performer zeigen oder die sich gar die eine oder andere Bosheit bei Kollegen und im Unternehmen geleistet haben, auf jeden Fall positiv und wertschätzend gegenüber zu treten habe. Man müsse ihnen zuhören, auf sie eingehen, die richtigen Argumente anführen und sie überzeugen, ihr Verhalten zu ändern.

Natürlich ist zunächst das angesagt. Aber wenn ich von Führungskräften in meinen Seminaren höre, dass solche Gespräche, oft sogar mit der vermittelnden Teilnahme einer HR-Entwicklerin, bis zu einer Stunde (und länger) dauern, sich irgendwann im Kreis drehen und letztlich doch nicht fruchten, sondern den Führungskräften nur ihre Energie und die Freude am Job rauben, dann packt mich innerlich schon manchmal der heilige Zorn. "Himmelherrgottsakrament" fluche ich da in der Tiefe meiner oberbayerisch geprägten Seele über das pädagogisch seichte Heileweltgeschwärme von Trainerkolleginnen, Kollegen und Coachs - hat man euch nichts anderes beigebracht? Hat man nicht. Das Ende der positiv kommunikativen Weisheit ist erreicht. Naja, denke ich, dann haben wir im Seminar noch ernsthaft zu arbeiten (gut, schließlich ist das ja auch mein Job).

Führen geht nicht ohne ehrlichen Respekt gegenüber Mitarbeitern und anderen lebenden Kreaturen generell. Da brauche ich nicht irgendeinen Wertschätzungsschleim abzusondern, sondern das ist schlichter Anstand, eine Selbstverständlichkeit. Führen geht auch nicht ohne Vertrauen, nicht ohne ein gewisses Maß an Fürsorge und Rücksichtnahme und natürlich nicht ohne Anerkennung beziehungsweise Korrektur der erbrachten Leistung. Doch als Führender muss ich vorangehen, muss ich Vorbild sein und habe deshalb auch die letzte Verantwortung und die Pflicht, Menschen, die die geschriebenen und ungeschriebenen Regeln des Unternehmens und des Teams missachten, sofort zur Rechenschaft zu ziehen, Sanktionen auszusprechen und durchzusetzen - uralte Führungstugenden. Das erfordert Selbstdisziplin und Mut, macht manchmal unbeliebt, auf jeden Fall aber einsam und ist alles in allem nicht einfach. Aber deswegen trainieren wir ja in Seminaren, wie man auch in schwierigen Situationen fair, aber konsequent vorgeht, und wie man die richtigen Maßnahmen gegen einen Übeltäter und zum Schutz des Teams und des Unternehmens ergreift. Dabei zeigt sich schnell, dass mit einer Aussprache von einer Viertelstunde der Sachverhalt meist hinreichend geklärt ist. Wenn so ein Klärungsgespräch länger dauert oder gar in eine Diskussion ausufert, läuft entweder etwas furchtbar falsch - oder beide Parteien haben die kritischen Punkte längst einvernehmlich abgehakt und sprechen bereits über gemeinsame Lösungsansätze oder über etwas ganz anderes. Soweit, so gut.

Führungskräfte haben nicht nur die Aufgabe, mit ihren Mitarbeitern Ziele zu erreichen. Sie haben dabei auch die Aufgabe, Einzelne, ihr Team und das Unternehmen zu schützen vor Störungen, Intrigen und Angriffen von Menschen, die nichts Gutes wollen. Das heißt, eigentlich haben sie ja schon im Vorfeld dafür zu sorgen, dass Böses gar keinen Nährboden findet.

Nichts Neues. Aber, wenn ich mir das eine oder andere Unternehmen von innen anschaue, sieht das nicht so aus. Da wird faires, offenes und verantwortungsvolles Führen heute weniger gekonnt, weniger geübt und in Konfliktfällen häufig an die Personalabteilung ausgelagert. Denn für gute und direkte Mitarbeiterführung bleibt im Alltag heute weniger Raum: Die häufigere Einbindung von Führungskräften und Mitarbeitern in verschiedenen Projekten quer über den Globus mit unterschiedlichen Besetzungen und dichten Meeting-Sequenzen (zunehmend elektronisch) verwischen klare Verantwortlichkeiten. Und die, die da - aus welchen Motiven auch immer - ihre eigenen Psychospiele spielen, finden mehr Spielwiesen und unkontrollierte Grauzonen. Kein Wunder, denke ich, dass vor diesem Hintergrund immer mehr Menschen an Mobbing, Burnout oder anderen psychischen Krankheiten leiden.

Kein Wunder auch, dass der konsequente Umgang mit Menschen, die sich nicht an die geschriebenen und ungeschriebenen Spielregeln halten, einfach aus technischen und terminlichen Gründen ausgeblendet wird.

Das ist auch ideologisch wieder ganz praktisch, das passt. Denn das Böse an sich ist in unserer zivilisierten und stets erklärbaren Welt tabu. Das verträgt sich einfach nicht mit unserem rationalen und positiv-pädagogisch durchsetzten Menschenbild und dem immer gern sofort in Anspruch genommenen, endlosen Erklärungsbedarf von Psychologen. Nur in der Abteilung "Horror" der US-amerikanischen Unterhaltungsindustrie hat das Böse an sich seinen (Markt-)Wert bewahrt - eine intellektuell wie ästhetisch tatsächlich schauderhafte Schmuddelecke.

Nicht das Böse an sich, sondern das soziologisch, psychologisch und politisch analysierte Böse konsumieren wir allerdings jeden Tag ganz öffentlich.

Wir lesen Berichte und sehen Bilder von jugendlichen Amokläufern (männlich) mit ihren todbringenden Racheaktionen in Schulen, sind entsetzt über die unerträglichen Greueltaten meist junger Männer in Terrororganisationen wie den Dchihadisten der IS in Syrien und Irak, den Taliban in Pakistan und Afghanistan, Boko Haram in Nigeria und der mordgierigen Attentäter in der Charly-Hebdo-Redaktion in Paris am 7. Januar 2015.

Es sind sadistische Mörder, die eine Religion als Alibi missbrauchen. Es sind Organisationen, die in Europa aber offenbar Zulauf bekommen von anderen seelisch entwurzelten jungen Männern. Zulauf von jungen Männern, die in der Gesellschaft nicht richtig Fuß fassen konnten, sich ausgestoßen fühlen und nun ihr Aggressionspotenzial, ihre

Kampf- und Märtyrerromantik auf diese Weise ausleben, dankbar, dafür irgendeinen Grund geliefert zu bekommen. Nicht mehr erreichbar und ansprechbar in ihrer Helden- und Todessehnsucht.

Kehrt sich diese trostlose Verzweiflung über Ausgestoßensein, Verlusten und die daraus resultierende Sinnlosigkeit des Lebens kehrt in reiferem Lebensalter gegen sich selbst? Dann ist die blinde, testosterongesteuerte Wut verdampft und der Verbitterung gewichen - oder die Erkenntnis gewachsen, allein zu schwach zu sein für Rache und damit dann auch nicht mehr viel bewirken zu können. Da bleibt dann nur bittere Resignation.

Nicht, weil man als Terrorist etwas vernichten wollte. Sondern, weil man sich für etwas leidenschaftlich eingesetzt hat, weiter daran arbeiten möchte und das bisherige Leben liebt - oder zumindest bis dahin geliebt hat und nun seine (selbst gesetzten) Aufgaben nicht mehr erfüllen kann, ausgestoßen wurde. Das muss doch nicht sein, es muss doch noch andere Möglichkeiten außer Rache und Resignation geben. Aber wie finden wir sie? Und wie findet jeder die für sich passende?

5) Resignation

In Deutschland sind Suizide vor allem ein Phänomen von Männern in höherem Lebensalter. Nach Erhebungen des Statistischen Bundesamtes können 1,8 Prozent aller männlichen Todesfälle im Jahr 2012 als Suizid gewertet werden und 0,6 Prozent aller weiblichen Todesfälle - dreimal mehr Männer als Frauen nehmen sich das Leben. Und nicht, wie man fälschlicherweise meint, in unreifen, jungen Jahren. Das durchschnittliche Lebensalter aller durch Suizid verstorbenen Menschen in Deutschland lag im Jahr 2012 bei 56,9 Jahren. Ein Alter, in dem sie schon einiges erlebt und dadurch die Hoffnung auf ein sinnvolles weiteres Leben wohl restlos verloren haben. Hohe Resignation. Tiefe Depression. Vermutlich. Wahrscheinlich.

Denn eigentlich sagt uns das nur, dass sich auch hier Frauen und Männer grundsätzlich unterschiedlich verhalten. Die Dunkelziffer ist hoch. Wer kann schon sagen, welche tatsächliche Ursache etwa ein selbstverschuldeter Verkehrsunfall hat oder wie viele Totenscheine gerade bei älteren Menschen ohne Suizid-Verdacht und deshalb ohne weitergehende Untersuchung ausgestellt werden. Und selbst, wenn angesichts der unklaren Nachweislage Frauen genau so oft Suizid verüben sollten wie Männer, dann können sie es eben besser kaschieren - die Aussage vom Unterschied zwischen den Geschlechtern erhärtet sich.

Das führt unweigerlich zu Mutmaßungen. Werden Frauen leichter mit Verlusten (gesundheitlicher oder psychischer Art) fertig, haben sie mehr Hoffnung auch in nahezu aussichtslosen Situationen oder haben sie einfach mehr Respekt vor dem Leben an sich? Es dürfte schwer sein, das geschlechtsneutral herauszufinden. Alle weiteren Überlegungen zu diesem Thema verbieten sich deshalb. Allerdings liegt es auch vor diesem Hintergrund nahe, vor allem Männer beim Übergang in einen neuen Lebensabschnitt zu beobachten und ihre Art, mit Verlusten umzugehen.

Was mir dabei auffällt: Frauen suchen in schwierigen, trostbedürftigen Situationen oder nach bitteren Verlusten (Witwen) die Nähe und Freundschaft vor allem anderer Frauen. Sie suchen und finden gleichgeschlechtlichen Trost. Männer nicht. Männer sind es, die vieles allein mit sich ausmachen (müssen). Männer sind es, die einsam und allein durch die Wälder streifen, um damit ihr seelisches Gleichgewicht wiederzufinden - männliche Wale sind es, die ausgestoßen werden und dann allein durch die Weltmeere ziehen. Vielleicht ist auch die bewusste Suche nach Nähe und das Aufnehmen neuer Beziehungen, die Frauen offensichtlich mehr pflegen als Männer, ein Faktor, der das Gefühl des Ausgestossenseins, der Rache und schließlich das Gefühl der Resignation lindert.

Denn auch weibliche Outlaws gibt es kaum. Sie geben bislang keine guten Rollen ab für Romane, Western-, Gangster- oder Fantasyfilme (oder sie werden - anders als Männer - gern sofort als psychisch schräg bis krank dargestellt).

Aber Frauen haben doch ebenso Rachegefühle wie Männer. Ich fürchte sogar, wenn, dann heftiger. Frauen, die auf Rache sinnen, sind vermutlich weit unversöhnlicher und grausamer, als Männer überhaupt denken können. Große Sagen und Geschichten künden davon. Etwa die vom Trojanischen Krieg, der ausbrach, weil sich dem Mythos (in Kurzform) zufolge die Göttinnen Hera und Athene dafür rächten, dass der schöne Jüngling Paris die Liebesgöttin Aphrodite und nicht Hera oder Athene als schönste Frau gewählt hatte. Oder die Nibelungensage, nach der die Königin Kriemhild aus Rache für die Ermordung ihres Mannes Siegfried die Vernichtung ihrer Brüder und des gesamten Volks der Nibelungen anzettelte. Und dann gibt's ja auch in den Märchen der Gebrüder Grimm eine ganze Reihe rachsüchtiger und böser Hofdamen, Hexen und Stiefmütter.

Nebenbemerkung: Interessant dabei ist, dass in den meisten Mythen über Rachestrategien von Frauen meistens die Männer instrumentalisiert wurden, das schmutzige Handwerk der Umsetzung zu besorgen. Kühnes Fazit und Folgerung daraus: Frauen resignieren auf mittlere Sicht offensichtlich nicht so schnell wie Männer.

An dieser Stelle nochmal zurück zur Maslowschen Bedürfnispyramide und zur Sollbruchstelle 65: Nach Maslow könnte die angestrebte Selbsterfüllung im Ruhestand scheitern, weil zwei Ebenen tiefer die Ebene der sozialen Bedürfnisse mit dem Ausscheiden aus der Berufswelt angegriffen und zerstört ist. Schlau, der Maslowschen Logik folgend, wer dann gerade auf der Ebene sozialer Beziehungen zum Neustart ansetzt, sich neue Freunde sucht, alte Beziehungen wiederbelebt und intensiviert. Die von Verlust getroffenen Frauen können das offenbar besser als Männer.

Gleichzeitig ergibt auch meine negative Variante des Maslowschen Modells einen Sinn: Der Verlust von sozialen Beziehungen und Anerkennung (besonders beim Rauswurf) wird als tiefe Kränkung empfunden mit der Folge von Rachegefühlen, Verbitterung bis Resignation und endlich Selbstzerstörung.

Nicht so voreilig, bitte! Denn man hat ja in meiner altmodischen Welt gerade als Senior auch eine gewisse Vorbildfunktion und - Verantwortung gegenüber der Familie und den Nachkommen, gegenüber Freunden, Bekannten und nachbarschaftlichem Umfeld. Das ist doch eine sehr wichtige Aufgabe!

Ach was. Das zählt überhaupt nichts, wenn - und leider ist auch das oft zu beobachten - seelischer Schmerz, Selbstmitleid und Verbitterung so tief sitzen, dass diese Rolle weder Halt noch Hoffnung bietet. Da ist dann gerademal alles völlig egal. Resignation.

Nicht wirklich das Gelbe vom Ei ...

Das passt: Gerade als ich mein Frühstücksei gedankenversunken beim gemütlichen ersten Samstagfrühstück des neuen Jahres köpfe (draußen Schmuddelwetter, am Nachmittag wird es anfangen zu schneien -

immerhin war ich schon draußen und hatte frische Brötchen besorgt), erfolgt unvermutet, äußerlich harmlos, innen spitz, ein Frontalangriff meiner Eheliebsten: "Irgendetwas ist mir dir anders geworden, seit du 65 bist. Du bist - irgendwie so - resignativ ..."

Treffer. Das saß. Weibliche Intuition? Denn gerade über diesen Fragen grüble ich ja tatsächlich seit einiger Zeit hin und her.

Sofort reflexartig antrainiertes taktisches Abwehrmanöver á la Schildkröte: Kopf einziehen, alle anderen verräterischen Extremitäten auch - oder zumindest ruhig halten -, nachdenkliches Gesicht aufsetzen (Panzer wirken lassen) und innen ganz schnell das Hirn anschmeißen.

War da was dran an "resignativ"?

Nun, wenn das Resignation ist: Immerhin hatte ich bis zwei Uhr heute Morgen an einem Werbeprospekt für ihr Kosmetikinstitut gesessen - und das erzähle ich dann auch meiner Eheliebsten am Frühstückstisch. Und über diesem Prospekt hirne und texte und layoute ich schon einige Tage. Heute Morgen um zwei - es ließ mir einfach keine Ruhe mehr - bin ich endlich mit einer diskussionsfähigen Vorlage fertig geworden (und habe aus mitternächtlichem Übermut auf der vorletzten Seite des Prospekts anstelle eines wunderschön modellierten Kosmetikgesichts das Foto neugierigen Ziege unter einem Apfelbaum eingesetzt - meine Silvia lachte herzlich darüber). Nochmal: Deutet daraus irgendwo irgendetwas auf Resignation hin?

Richtig ist, ich habe für diese Vorlage länger gebraucht als vor einigen Jahren beim letzten Prospekt für cosmetics & more, das Institut meiner Frau. Mag sein, dass das Thema schwieriger geworden ist, denn zur Kosmetik bietet Silvia nun auch heilkundliche Behandlungen an. Ich verstehe weder vom einen noch vom anderen Thema viel und habe reichlich Mühe und brauche viele Nachfragen (und bei unpräzisen Antworten etliche Google-Recherchen), um ihre Gedankengänge, Wünsche und Visionen mit meiner Logik und meinem Anspruch an

Text, Layout, Ästhetik und Werbebotschaft zu verbinden.

Aber das ist es nicht nur.

Am Frühstückstisch luge ich jetzt mit meinem Kopf wieder ein wenig aus dem Schildkrötenpanzer hervor und teile Silvia das Ergebnis meiner eiligen Hirnproduktion mit: "Ja, kann sein, dass mein Verhalten nach außen wie Resignation aussieht. Doch vielleicht brauche ich heute einfach mehr Zeit ..." und dann erkläre ich ihr Details, die mich beim Texten dieser Prospektvorlage ebenfalls überaus lange beschäftigt haben:

"Was meinst Du, sagen Frauen 'stets' oder ist das eher Männer- und Zeugnissprache und Frauen sagen eigentlich immer nur 'immer'?"

"Immer"

"Dachte ich mir. Erst hatte ich in einem Absatz 'stets' geschrieben - und das lief richtig gut. Die für dein Angebot wichtigen Begriffe standen genau dort, wo sie stehen sollten. 'immer' läuft aber länger, der Zeilenverlauf ändert sich und damit sind die wichtigen Begriffe 'raus aus dem spontanen ersten Blick der Betrachterin. Nicht professionell, Wirkung verfehlt. Also ich habe da ziemlich lange dran gearbeitet, viele Worte davor hin und her geschoben - undsoweiter bis es wieder passte. Schau, das hätte ich früher nicht gemacht, da wäre mir ein Unterschied zwischen 'stets' und 'immer' gar nicht aufgefallen. Heute schon. Deswegen geht es heute langsamer, das kostet alles viel mehr Zeit ..."

"Du immer mit deiner Zeit!" - Uups. Aus dieser locker spöttischen Unterbrechung meiner detaillierten Ausführungen am Frühstückstisch hörte ich mit leise sich regendem Selbstmitleid nicht einmal den Anflug von Respekt vor meiner Professionalität oder gar Bewunderung, Dank und Hochachtung vor meinem Können und meinem nächtlichen Einsatz heraus. Völlig umsonst gearbeitet, umsonst fürsorglich alles erklärt (Selbstmitleid wächst). Und da soll man nicht resignieren!

Nun ja, denke ich, wenn Silvia, immerhin meine anspruchsvollste Kundin, auch mit weniger zufrieden gewesen wäre, hätte ich mir diesen Aufwand ja sparen können.

Nein, widerspreche ich mir sofort selbst, den Aufwand hätte ich mir nicht sparen können.

Denn vor allem will ich selbst zufrieden sein mit meiner Arbeit und messe das Ergebnis nur an den Maßstäben, die ich mir selbst setze. Auch, wenn die sonst niemand erkennen will - oder kann.

Und überhaupt: Je selbstverständlicher und natürlicher das Ergebnis daherkommt, desto besser. Man muss nicht, man darf sogar gar nicht sehen, wie viel Arbeit im fertigen Produkt wirklich steckt. Das ist ja die Kunst. Ebenso, wie bei meinen Seminaren und Workshops. Da muss alles wie selbstverständlich laufen, so dass sich hinterher alle wundern, warum man nicht schon viel früher auf diese geniale Lösung gekommen ist. Da erkennt auch selten jemand die harte und disziplinierte Arbeit, Konzentration und meine innere Anspannung (nach wie vor) im Hintergrund.

Selbstmitleid verflogen, Selbstwertgefühl neu hergestellt, alles wieder gut. Aber mit der erhärteten Erkenntnis, dass man mit zunehmender Professionalität und kritischerem Anspruch an sich selbst auch mehr Aufwand betreiben muss und dabei wahrscheinlich stets ein wenig einsamer wird.

Also hier zumindest keine Resignation. Das ist für mich schon mal klar.

Aber ich kaue doch noch an diesem R-Wort herum. Vielleicht liegt es ja auch gar nicht an mir, sondern einfach an dieser blöden Zahl 65. Ja! Denn mit meinem Touché dieser Sollbruchstelle ist meine Eheliebste geradezu fixiert darauf, Veränderungen an mir zu entdecken. Wer sucht, der findet. Und Silvia - wie vermutlich alle anderen temperamentvollen Ehefrauen auch - findet immer. Nein, nicht mein Verhalten hat sich geändert, rechtfertige ich mich, Silvia ist es, die ganz offensichtlich in innere Panik gerät, plötzlich mit einem Rentner verheiratet zu sein, in ihrem Kopf die unzähligen - vermutlich depressiven - Geschichten von Kundinnen über ein nachhaltig verändertes Eheleben mit einem Ruheständler.

Hmm, wenn sich dieser R-Befund im Kopf meiner Eheliebsten festgesetzt hat, wird's schwierig. Ich befürchte Verbesserungsvorschläge. Unpassender weise. Ohne Chance zur Gegenwehr.

Soll ich diese R-Rolle um des lieben Friedens willen nun einfach annehmen - oder muss ich etwas dagegen tun?

Ist mir doch eigentlich erst einmal egal. Allerdings: Worin besteht in diesem (und anderen) Eheleben denn der Unterschied zwischen "um des lieben Friedens willen" und Resignation?

Naja, irgendeine positiv-aufbauende Erklärung werden Familien-Psychologen dafür schon finden. Mir hilft das im Moment wenig. Möchte ich auch gar nicht wissen ...

Oder doch: Wenn ich resigniere, muss ich wohl vorher gekämpft, den Kampf verloren und nun ohne eine weitere Idee aufgegeben haben, sinniere ich weiter. Wenn ich dagegen "um des lieben Friedens willen" einlenke, dann mache ich auch Frieden mit mir, lösche "Kampf" oder "Verlierer" und übe neue Gelassenheit. - Ist man mit 65 wenigstens endlich reif genug für eine neue Gelassenheit? Gelassenheit statt Resignation? Das wär's doch.

Und unvermeidlich trällert plötzlich der fröhliche Udo-Jürgens-Song durch meinen Kopf: "Mit 66 Jahren, da fängt das Leben an ...".

Mag sein, grummele ich gegen dieses festsitzende fröhliche Trällern in meinem Kopf, noch bin ich nicht 66. Und ob das denn dann wirklich so ist, hat der große Chansonnier später nicht mit einem Gegensong beantwortet. Immerhin stand er aber, bevor er vor Kurzem mit 80 Jahren starb, bis zum Schluss auf der Bühne - ohne irgendeinen Abbruch seiner Popularität und eher noch mit wachsendem Erfolg. Grandios.

Nun bin ich aber auch nicht Udo Jürgens. Mit der bekannten einen Ausnahme die übrige Weltbevölkerung übrigens auch nicht. Und zudem, der Udo Jürgens ist eben doch immer ein bisschen " ... aber bitte mit Sahne". Da bin ich letztlich doch nicht so ganz sein Follower. Da gefällt mir Joe Cocker schon viel besser mit seinem wilden, brünstigen Geheule voll ungebremster Leidenschaft und Melancholie ... Was soll's - auch der schon tot, kurz nach Udo Jürgens gestorben, aber zehn Jahre jünger. Mit 70. Das bin ich in fünf Jahren. Hoppla, nur noch fünf Jahre zum siebzigsten? Jetzt wird's ernst.

Joe Cocker folgend ist aber dann doch erst einmal alles klar: Leidenschaft, Weltschmerz, Liebeskummer ... Jaaa! So lange es irgendwie geht .... Nix Resignation!

Und dann - ganz mutig (man weiß ja nie, wie die Antwort ausfällt) - will ich's am Frühstückstisch doch noch von meiner Eheliebsten wissen: "Wie kommst Du eigentlich darauf, dass ich resigniere?"

Dabei habe ich natürlich einen Verdacht: Ihr "du immer mit deiner Zeit" hatte einen merkwürdigen Unterton und könnte mir eventuell einen Weg zu ihren Gedanken und einen Spiegel meines vielleicht tatsächlich veränderten Verhaltens aufzeigen. Richtig:

"Naja, du hast nicht mehr so viel zu tun. Früher warst Du viel mehr unterwegs, heute sitzt du nur noch an deinem Computer - und immer, wenn ich was von Dir will, oder wenn was zu machen ist, ist dir die Zeit dafür zu schade ..."

Danke. Aufschlussreich. Ist das wirklich so? Klärung und gewissenhafte Recherche fürs eigene seelische Gleichgewicht:

1) "... wenn was zu machen ist, ist dir die Zeit dafür zu schade ...": Natürlich ist mir die Zeit zu schade, mich mit Dingen zu beschäftigen,

die ich notgedrungen und ohne tiefere Leidenschaft tun muss. Beispielsweise Arbeiten in der Wohnung (das meint sie wohl): Nach den Weihnachtsfeiertagen habe ich auf Bitten meiner Eheliebsten in der Küche eine weitere Lampe montiert. Das Ergebnis ist für sie wie für mich zwar sehr erfreulich, aber so viel Zeitaufwand, bis so eine dämliche Lampe perfekt montiert ist und den bisher schattigen Bereich optimal ausleuchtet, war mir dann schon reichlich zuwider. Heimwerkertätigkeiten kann ich zwar einigermaßen, wenn nötig, habe ich aber noch nie gemocht. Daran hat sich nichts geändert. Vielleicht sage ich es jetzt nur unverblümter. Oder aber, das kann allerdings sein, hinterfrage ich mit zunehmendem Lebensalter immer kritischer, wofür ich meine Zeit investieren soll (naja, früher habe ich bei solchen Arbeiten auch ziemlich vor mich hin geflucht, aber das war wohl nicht bedeutungs-schwanger genug).

2) "... heute sitzt du nur noch an deinem Computer ..." Ja, ich sitze derzeit lange am Computer - beispielsweise, um jetzt diese Gedanken über die Sollbruchstelle 65 in die Tastatur zu hämmern - oder Texte für den Werbeprospekt für "cosmetics & more" (Ätsch) - und vor Weihnachten waren ja noch Arbeiten für einen Kunden zu machen. Andererseits: Das ist doch nun wirklich nichts Neues! Ich habe 2004 zwei Fachbücher von jeweils mehr als 300 Seiten nahezu gleichzeitig geschrieben ("Vom Akademiker zum Top-Verkäufer" und "Erfolgsstrategien für kleine Budgets") und 2010 zusammen mit meiner Frau in nur sechs Wochen das Buch "Kosmetik erfolgreich verkaufen" mit 230 Seiten - hoppla, klingt das jetzt wie Selbstbeweihräucherung? - egal, das gehört zu "Fakten", denn: Da muss ich ja wohl am Schreibtisch regelrecht festgenietet gewesen sein. Zumindest habe ich mir da jedes Mal buchstäblich die Finger wund geschrieben, weil ich meine Tastatur mit meinem Zweifinger-Hacksystem immer noch so bearbeite, wie einst die altmodischen, schweren Vorkriegs-Typenhebel-Schreibmaschinen in meinen frühen Zeitungsjahren (richtig Maschinenschreiben hatte ich nie gelernt): Spätestens nach der Seite 50

platzte die Haut an meinen Zeigefingerkuppen auf. Nun, so weit ist es ja jetzt noch nicht. Also ist die Aussage "... heute sitzt du nur noch ..." nach der Faktenlage eindeutig falsch und als Wahrnehmung meiner Frau nur aus der besorgten Beobachtungsperspektive "65", "Rückzug", "Resignation" einigermaßen nachzuvollziehen. Interessant. Noch interessanter, dass ich selbst darauf hereinfiel, verunsichert war und jetzt eben erst einmal nachsehen musste, wann ich tatsächlich welches meiner bisher sieben Bücher geschrieben habe. - Ein kleiner Verdacht baut sich auf.

3) "... früher viel mehr unterwegs...": eindeutig richtig. Nach Rückzug aus meinem Ehrenamt im Berufsverband steht mein Wagen öfter in der Tiefgarage und gleichzeitig habe ich ja tatsächlich mehr verfügbare Zeit - der "Freizeit-Heini" vom Sommer lässt grüßen. Und ob ich nun zu Kunden oder ehrenamtlich unterwegs bin, macht in der Alltagswahrnehmung "unterwegs sein" keinen Unterschied. Im Dezember waren kaum Auswärtstermine. 2013 hatte ich wegen personeller Wechsel bei Auftraggebern gleich drei wichtige Aufträge verloren, die ich bis Ende 2014 noch nicht ersetzen konnte. Richtig, ein heftiger geschäftlicher Einbruch, das lässt grübeln. Sicherlich. Aber nicht neu: In meiner zwanzigjährigen Berater- und Trainertätigkeit ging es mit den Aufträgen mehrmals steil auf und ab. Das Jahr 2014 - so jedenfalls meine Steuerberaterin schon im November - ist vom Umsatz her kein schlechtes Jahr gewesen, besser jedenfalls als 2013, das nach meiner Umsatzstatistik wiederum auch nicht das schlechteste Jahr gewesen ist. Und die Auftragslage für 2015 sieht schon zum Jahresbeginn besser und stabiler aus als noch ein Jahr zuvor ...

Was soll das eigentlich alles? Mein kleiner Anfangsverdacht konkretisiert sich: Beobachtungen (zugegeben: auch die Verführung, eigenen Befindlichkeiten Raum zu geben), die sich nur auf dieses Jahr beziehen, sind einfach verzerrt. Sie sind ganz erheblich fehlbelichtet durch die aufkommende Panik, nun die Sollbruchstelle 65 erreicht zu haben.

Immer wieder beeindruckend, finde ich, wie leicht wir uns wovon in unserer Wahrnehmung beeinflussen lassen. Wie schnell wir im Alltag bereit sind, singuläre Beobachtungen, sofern sie in ein Klischee passen, als gegeben hinzunehmen, statt sie zu hinterfragen und mit entsprechenden Fakten in ein Gesamtbild einzuordnen.

Hätte ich nicht selbstkritisch und gewissenhaft die Beobachtungen meiner Frau hinterfragt und glücklicherweise aufgrund nachweisbarer Fakten falsifizieren können, wäre von der Beobachtung "Resignation" mehr hängen geblieben, als Silvia und mir lieb ist. - Fatal.

Wie oft resigniert jemand einfach deshalb, weil er aus verschiedenen äußerlichen Gründen einfach nahtlos in das Bild "Resignation" passt - weil man ihn vielleicht sogar ungewollt in diese Schublade steckt und regelrecht in die Resignation treibt (die Aufforderung "jetzt resigniere bloß nicht!" bringt manche vielleicht erst auf die Idee...)? Und wann ist dann tatsächlich der Zeitpunkt gekommen oder eine Situation entstanden, wo jemand kapitulieren muss, nur noch Aussichtslosigkeit empfindet - tatsächlich resigniert?

Keine Frage: Eine kleine Resignation, gepaart mit Selbstmitleid, ist eigentlich sehr angenehm. Ich vermute, das hat jeder schon einmal erlebt und wohlig leidend düster genossen. Ähnlich dem Weltschmerz, den wir in der Pubertät das erste Mal kennen gelernt und je nach Temperament und Gelegenheiten mehr oder weniger intensiv ausgelebt haben. Doch das konnten wir uns dann in der Karriere-, Familiengründungs- und Kinderaufzuchtphase lange Zeit einfach nicht mehr leisten, dem durften wir uns ganz einfach nicht mehr hingeben, es hätte negative Auswirkungen mit Langzeitwirkung gehabt (und ich vermute, auch biologische Faktoren haben dafür gesorgt, dass es so weit normalerweise nicht kommt).

Aber - und das ist frohe Botschaft - jetzt dürfen wir wieder. Weltschmerz und Melancholie willkommen! Und der Endpunkt dieser Gefühlszustände, die Resignation, ist doch, allen strenggläubigen

Pflichtoptimisten zum Trotz, absolut legitim. Allerdings stören solche Gefühle als Dauerzustand, wenn man noch Leidenschaft fürs aktive Leben empfindet. Wenn noch Hoffnung pulsiert und doch noch immer mal wieder Sehnsucht aufkommt nach Freude am Erfolg, Beziehungen, faszinierenden Erlebnissen und diese Emotionen trotz allem (noch) weit attraktiver sind als die der Resignation.

Deshalb: Genau hinschauen! Fakten suchen, Indikatoren finden für Entwicklungen, die völlig emotionslos möglicherweise auch ganz andere Geschichten erzählen können als die, in der man im Moment gerade befangen ist und der man sich gerade weltschmerzig hingeben möchte. Gut, es kann sein, dass man dann auch zu keinem anderen Ergebnis kommt. Dann ist es eben so.

Aber, vermute ich, mit dem Befehl an das Gehirn, nun analytisch, mathematisch, statistisch und wissenschaftlich historisch zu arbeiten und nicht nur leidvoll Erlebtes immer wieder bildhaft hin- und her zu wälzen, befreit man sich selbst ein wenig aus der endlosen Negativspirale tiefer Depression. Da erscheint dann am Ende dieses Tunnels plötzlich ein Licht. Was es bedeutet und wohin es uns führt, wissen wir natürlich in dieser Situation noch nicht. Aber es bietet zumindest Hoffnung auf irgendeine Art Ausgang.

6) Reaktivierungsträume

Kurz nach Neujahr. Ein entfernter Vetter (wir hatten die selbe Urgroßmutter), ein paar Jahre älter als ich, ruft an. Ich hatte ihn erst spät bei einem XXXL-Treffen der ganzen Sippe kennen gelernt - und sofort sympathisch gefunden, was in Familienverbänden nun wirklich nicht selbstverständlich ist. Später sind wir uns dann flüchtig einige Male beruflich begegnet.

Er ruft an und bedankt sich für meine Weihnachts-Neujahrs-Karte. Der Small-Talk ist wie üblich kurz und knapp, wir kommen gleich zur Sache. Er: Ich sei ja nun auch in dem gewissen Alter ...

"Und wie geht es Dir inzwischen?" frage ich nach nur kurzer Erläuterung meines aktuellen Tuns (wohl wissend, dass er sich altersbedingt vor einigen Jahren aus leitender Position eines mittelständischen Unternehmens in den Ruhestand verabschieden musste).

"Ach, beschissen. Das hält man doch nicht aus. Die (Firma) hat mich zwar vor Kurzem wieder geholt, da gab es heftige Probleme ... und sie wollten mich, nur ich könne das lösen ... Habe ich auch gemacht, war wieder ein halbes Jahr dort ... und hab's hinbekommen ... Aber das ist jetzt schon wieder ein paar Monate her"

Glückwunsch, interessierte berufliche Nachfragen und Antworten. Dann: "... und jetzt?"

"Nichts. Es ist zum Haare ausraufen ..."

"... Und deine Position in deinem Verein (eine internationale gesellschaftliche Verbindung), bist Du da nicht der Regionalfürst?"

"War ich zwei Jahre, dann wechselt das. Und, weißt du, so aufregend ist das nun auch wieder nicht. Hier ein Treffen organisieren, da eine Wohltätigkeitsveranstaltung, nach zwei Jahren reicht's."

"Ja, ist alles nicht so einfach ..."

"... Ich sage doch, beschissen! Und ein Hobby? Bäh, das ist doch Pillepalle, das macht doch nur gemütskrank. Naja, ich fahre jetzt Mountainbike mit dem einen oder dem anderen. Aber nur aus lauter Verzweiflung, das kann ich dir sagen, nicht aus innerem Antrieb ... Mir fehlt einfach der Job, mir fehlt, dass ich mich dort sinnvoll einsetzen kann, dass was Vernünftiges herauskommt ..."

So, oder so ähnlich, war das Telefonat. Ich erzählte ihm noch, dass ich gerade an einem Manuskript über die gefährliche Sollbruchstelle 65 schreibe, er fand das gut, und dann verabredeten wir lose ein Treffen.

Ja, das war Klartext. Ich mag das, ich mag diesen entfernten Vetter, der mir im Denken doch so nah erscheint

Etwas später hörte ich Ähnliches. Ich traf an verschiedenen Orten zufällig zwei betagte, früher bei ihren Schülerinnen und Schülern überaus beliebte Lehrerinnen, die in völlig unterschiedlichen Schultypen tätig gewesen waren. Die eine: "Als ich pensioniert wurde, meinte ich, das geht doch nicht, ich dachte, die Schule bricht zusammen, die holen mich gleich wieder". Und die andere: "Ich dachte, nach den großen Ferien geht ohne mich gar nichts mehr ...". Ging aber doch und die Schule blieb stehen. Die eine ersetzte das berufliche Loch durch intensive Reisen, die andere mit einem schon bestehenden Ehrenamt, dem sie sich nun noch mehr als vorher widmete.

Das berufliche Loch kommt unweigerlich. Und das Nicht-mehr-gebraucht oder ersetzt-werden-können tut genau denen sehr weh, die sich ganz besonders engagiert und dabei viel Erfolg gehabt haben. Und produziert den heftigen Wunsch nach Reaktivierung. Sei es nun bei meinem Vetter oder bei den Lehrerinnen oder bei hunderttausend anderen.

Diesen geheimen Reaktivierungswunsch habe ich auch geträumt. Er treibt, weil reichlich unrealistisch und vergebens, nur noch tiefer in eine Negativspirale des Verlierers. Völlig unnötig, völlig überflüssig.

Aber nahezu reflexhaft und unweigerlich.

Nach meinem Rauswurf aus meinem letzten Angestelltenjob vor gut zwanzig Jahren hoffte ich lange, dass mich das Unternehmen wieder holen, dass meine Fähigkeiten gebraucht würden. Sie wurden nicht. Jedenfalls nicht wie im früheren Beruf und in dieser Führungsposition. Immerhin war ich noch ein paar Jahre als Herausgeber der von mir dort zuletzt gegründeten Zeitschrift und als Trainer für Teambildungsmaßnahmen tätig. Aber darüber hinaus wurde ich, wie ich mir insgeheim noch lange wünschte, eben nicht mehr reaktiviert. Ein ödes, frustrierendes, dummes Gefühl.

Was mir allerdings erst später klar wurde: Gott sei Dank! Denn nichts ist schlimmer für einen frei Gewordenen, als wenn er nach wie vor mental und finanziell am Schürzenbändel seiner Ex hängt. Das habe ich bei einigen Kollegen beobachten können, die von ihrem alten Unternehmen nicht los und nie wirklich auf die eigenen Beine kamen. Frustrierend. Gott sei Dank war ich gezwungen, mir schnell meinen eigenen Markt zu schaffen, Kunden außerhalb meiner Branche zu suchen, aufzubauen und zum Erfolg zu führen. Ödes Gefühl, bitterer Nachgeschmack hin oder her - am besten ist es da, man probiert andere Gerichte aus, um auf einen neuen, aufregenderen Geschmack zu kommen. Und damit sind gleichzeitig Abschied und frustrierende Reaktivierungshoffnungen restlos verdaut und im Vergessens-Archiv dumpfer Selbstmitleidsphasen abgelegt.

Dachte ich. Denn dummerweise erlebte ich noch einmal einen unfreiwilligen Abgang größeren Stils. Allerdings zwang ich mich, hinterher nicht noch einmal den gleichen Denk- und Traumafehler wie zwanzig Jahre vorher zu machen.

Ende Mai 2014 habe ich meine Wiederwahl für eine dritte Amtszeit als Präsident meines Berufsverbandes BDVT e.V. krachend verloren. Und dummerweise vom Timing her genau so, dass mir das alles wenige Wochen vor meinem 65. Geburtstag vor die Füße fiel. Da mach' jetzt mal was draus! Da kommt man doch gezwungenermaßen ins Grübeln: Eine Gala-Einladung für tiefschürfende Betrachtungen über die Sollbruchstelle zum Rentenalter.

Nun war das ja bloß ein Ehrenamt. Also nicht weiter wirklich wichtig. Aber, wie das im Leben eben so ist, freiwilliges Tun hat manchmal (oder sogar meist) einen viel höheren emotionalen Stellenwert als bezahlte Leistung. Das ist bei Amateursportlern ebenso wie bei Darstellern einer Laienspieltheatergruppe - oder eben bei Ehrenamtlern in einem Verein. Da kann man sich zehnmal sagen, "es war ja nur ...". Tatsächlich aber geht man, wenn man sie gut tun will, ziemlich hundertprozentig in so einer Aufgabe auf. Wie sehr, dass merkt man erst, wenn es vorbei und einige Zeit drüber vergangen ist. Mit gehöriger Distanz betrachtet, war dieser Abschluss gleichzeitig ein treffliches Beispiel für den Verlust einer festen beruflichen Beziehung, die ich als Freiberufler ja schon lange nicht mehr hatte. Also ein sehr persönliches Fallbeispiel für viele andere, die mit 65 eine wichtige Aufgabe verlieren. Zumal es mir insgeheim auch darum gegangen war, herauszufinden, ob mit meinem beruflichen Hintergrund auch ein Verband von Freiberuflern zu managen sei. Jawohl! Falscher Ehrgeiz. Die Quittung bekam ich zum 65. Passt.

Ohne meine Verbandsgeschichte hätte sich meine Sollbruchstelle nur halb so dramatisch dargestellt, stellte ich später fest. Also ...

Die Vorgeschichte: 2010 wurde ich zum Präsidenten meines Berufsverbandes gewählt. Ich hatte vorher nie an so etwas gedacht. So ein ehrenamtliches Vereinsamt war in meiner Lebensplanung nicht vorgesehen. Doch was sind schon Pläne: Als mich die ausschlaggebenden Personen fragten, ob ich mich wohl zur Verfügung stellen und kandidieren wolle, es gäbe keinen Geeigneteren, freundete ich mich irgendwie doch mit der Idee an. Neues hat mich stets gereizt. Mal etwas ganz anderes! Und dann hat's mir richtig Freude gemacht, und ich habe mich mit vollem Elan dieser Aufgabe angenommen. Und vier

Jahre lang (zwei Amtsperioden) viel dabei bewegt.

Aber, wie das so ist, viel Bewegung schafft viel Reibungswiderstände. Etliche Monate vor der Wiederwahl zu meiner dritten Amtszeit habe ich einige Befindlichkeiten vor allem langjähriger Mitglieder zwar wahr-, aber nicht wirklich ernst genommen. Für Befindlichkeiten erwachsener Männer(!), die sich als Leistungsträger oder gar Führungskräfte (wenn auch ehrenamtlich) verstehen und das stolz auf ihren Visitenkarten vermerken, fehlt mir jegliches Verständnis. Zugegeben, ich hatte auch keinen "Stallgeruch", wie es eine befreundete Kollegin mehrfach beklagte, ich bin beruflich nicht in der Trainerwelt und nicht in diesem Verband groß geworden, sondern erst später in meiner Berater- und Trainerkarriere dazu gestoßen. Der Spruch "Du wirst sehr respektiert, aber nicht geliebt", wie es eine andere langjährige Verbandskollegin formuliert hatte, irritierte mich nur kurz: Wie denn auch - würde sie denn ihren Präsidenten lieber geliebt, aber nicht respektiert sehen wollen? Quatsch! Nun ja, kein Stallgeruch. Man muss nicht alles verstehen.

Das vorläufige Aus kam dann bei einer Führungstagung meines Verbandes im Januar 2014. Da sollten Ergebnisse von Arbeitsgruppen zur strategischen Positionierung im Markt vorgestellt werden. Zu Beginn präsentierte eine Gruppe brillant und mit viel Sachverstand Optimierungsvorschläge für unsere Internetpräsenz: Saubere Analyse, klare Milestones, notwendige Investitionen, Verantwortliche für die Umsetzung - ich war begeistert. Die nächste Gruppe stellte ein ganz interessantes Projekt vor, der strategische Nutzen musste allerdings noch etwas mühsam nachgearbeitet werden. Aber dann, die letzte Gruppe, totaler Ausfall: Ich konnte mich da nicht mehr zurückhalten, ich war empört! Statt ein überlegtes und ausgearbeitetes Konzept zur Marketingstrategie des Verbandes zu präsentieren, führten die Kollegen eine Sammlung unsortierter Ideen vor, die die Anwesenden nach bester Trainermanier mithilfe von Klebepunkten priorisieren sollten.

Entweder völlig in ihrer Trainerwelt gefangen - immer alle beteiligen, Gemeinsamkeit herstellen, begeistern und motivieren - oder einfach Hausaufgaben nicht gemacht (oder nicht verstanden, kann auch gut sein). Wir hätten allesamt gerade wieder von vorn anfangen können.

Wie auch immer, ich hatte deutlich mehr erwartet. Gerade angesichts der ersten Präsentation und gerade bei diesem für den Verein existenziell wichtigen Thema. Ich wurde ungeduldig, unterbrach, wollte dieses wenig zielführende Verfahren beenden und war zunehmend verärgert - auch über den Moderator, der mich zurückwies und alles weiter laufen ließ. Denn, das kam noch dazu, alle wussten, dass ich Wochen vorher mit ausgerechnet diesen beiden zuletzt präsentierenden Führungskollegen heftig aneinander geraten war über Begriffe wie Leistung und Vereinsmeierei, Ehrenamt und persönliche Motivation, Wertschätzung und Wertschöpfung. Da hatte ich wieder einmal treffsicher Vereinsbefindlichkeiten touchiert. Super. Das passte, ich stand voll unter Beobachtung. Eine bescheuerte Situation. Mann, war ich sauer! Entsprechend äußerte ich mich: nicht unbedingt wertschätzend und den beiden auch nicht reflexartig für ihre ehrenamtliche Fleißarbeit zum Wohle des Verbands dankend (Todsünde in der ehrenamtlichen Trainerwelt). Als Präsident darf man so etwas gar nicht. Vor allem nicht nach der vorangegangenen Befindlichkeitsdiskussion mit den beiden. Es wurde plötzlich ganz still im Raum. Und eisig. Aus.

Dumm gelaufen. Ziemlich dumm. Ich war wieder einmal nur in der Welt meiner eigenen beruflichen Erfahrung unterwegs gewesen. Und ein Verein ist kein Unternehmen. Und ehrenamtliche Führungskräfte sind erst recht keine angestellten Manager, sondern machen ihren Job, wie sie ihn in ihrer Trainerwelt verstehen und wie sie sich persönlich ehrenamtlich engagiert einbringen wollen (und über "Strategie" kann man streiten). Da habe ich freilich etwas anderes vorausgesetzt und war wieder mal völlig auf der falschen Spur, weniger die von mir Gerüffelten. Sorry. Denn wenn ich in meiner Welt so eine "Präsentation", wie jetzt im Verbands-Führungskreis, bei Kunden in deren Unternehmen erlebe, drängt sich bei mir inzwischen sofort der Verdacht einer unbewussten Verweigerungshaltung auf. Nicht offen, nicht aus bösem Willen - vielmehr aus fachlicher Inkompetenz, Nicht-zu-Ende-Denken, falsch verstandener Motivation, schierer Hilflosigkeit oder Feigheit.

Indiz für meinen Verdacht und grell aufblinkendes Warnsignal in so einer Situation bei Kunden: Wenn eine Gruppe in einem bereits länger laufenden Projekt plötzlich eine fleißig zusammengetragene, aber statische Begriffssammlung zur Abstimmung im Plenum anbietet. In dieser Phase des Projekts ist jedoch längst die Darstellung einer dynamischen Entwicklung angesagt mit einzelnen, aufeinander folgenden Schritten zum Ziel. Nur darüber kann diskutiert werden, wenn ein Projekt vorangetrieben und zügig umgesetzt werden soll.

In der finalen Phase einer Projektentscheidung geht es ja längst nicht mehr um Motivation, Wissen oder Gemeinsamkeiten. Es geht jetzt um Ergebnisse und gemeinsam zu tragende Verantwortung für das, was daraus folgt. Logischerweise muss es dabei auch Gewinner und Verlierer geben (auch das wollen viele vermeiden): Selten können alle Projekte gleichzeitig wie gewünscht realisiert werden. Das geben Budgets normalerweise nicht her.

Die Finalrunde eines Prozesses ist jedes Mal spannend und heikel. Unterschwellige Motive, mit einer erneuten Stoffsammlung an dieser Stelle eine Entscheidung zu verzögern, weitgehend zu vereiteln oder ganz zu sabotieren:

- Die Gruppe ist sich nicht einig oder nicht fertig geworden,

- In der Gruppe will keiner Verantwortung übernehmen,

- Diskussion und Kritik an der eigenen Arbeit werden befürchtet,

- Intuitiv soll ein Wettbewerb um die Konzepte untereinander vermieden und die Harmonie der gesamten Gruppe erhalten bleiben (keine Gewinner/Verlierer!),

- Die Projektgruppe möchte mit ihrem Konzept nicht für möglicherweise daraus erwachsende Konsequenzen verantwortlich gemacht werden.

Also da gibt es ein ganzes Bündel wenig erfreulicher Vermutungen. Moderatoren oder Auftraggeber (Chefs) sollten sich an dieser Stelle nie zur verführen lassen Motivforschung zu betreiben (ist zwar reizvoll, bringt aber nichts), sondern diese "Präsentation" unterbrechen, sich kurz das weitere Vorgehen dieser Gruppe erklären lassen und, wenn das auch nicht weiter führen sollte, den Auftritt der Gruppe mit Verweis auf die Vorgabe (fertiges Konzept) beenden und ohne weitere Diskussion Nachbesserung fordern. Natürlich ist das hart für die Betroffenen und mag demotivieren. Doch jede weitere Beschäftigung mit einer verunglückten Präsentation kostet Zeit, drückt die Stimmung noch mehr und raubt vor allem denen die notwendige Aufmerksamkeit, die ihre Aufgabe gut gelöst haben und deren Konzepte weiter führen.

Immer wieder die gleiche böse Führungsfalle. Aus Sorge um Demotivation einiger weniger, die ihren Job nicht (gut genug) gemacht haben, wegsehen, übergehen, Verzögerung zulassen, Motive diskutieren ... während andere schon mit den Füßen scharren und weiter wollen. Im Leistungssport beispielsweise ist es völlig normal, dass die, die nicht mitkommen, zusätzliche Trainingseinheiten absolvieren müssen, um andere nicht auszubremsen. - Unternehmen orientieren sich normalerweise am Leistungssport.

Aufgrund dieser Erfahrungen habe ich in solchen Prozessen längst die neutrale Rolle des rein technisch und neutral agierenden Moderators verlassen. Da gehe ich schon mal in die Gruppen, beobachte die Diskussion, mische mich ein, schiebe hier an, mahne dort zur Fokussierung oder plaudere ein wenig, wie ein Ergebnis grundsätzlich strukturiert sein sollte, damit es das Management verstehen und als Entscheidungsvorlage akzeptieren kann. Das klappt ganz gut und wird sowohl in den Gruppen als auch von meinen Auftraggebern insgeheim auch so gewollt. Am Ende soll ja ein entscheidungsreifes Ergebnis herauskommen. Vor allem dafür werde ich bei solchen Aufträgen bezahlt.

Natürlich ging das bei der Führungskräftetagung im Verband so nicht. Da waren im Streitfall auch andere, interne und emotionale Motive wichtiger als ein durchgetakteter strategischer Prozess mit all seinen Konsequenzen. Der von mir geschätzte Ehrenpräsident des Verbandes hatte mir zwar einmal geflüstert, ich wäre der erste Präsident, der den Verband nach Managementregeln führen würde. Doch wenn diese Regeln sonst keiner kennt oder sie sogar abgelehnt werden, weil sie nicht immer mit der Vereinsseele harmonieren, nutzt das nichts. Irgendwann steht man ziemlich einsam da. Genau für so Situation (jetzt war sie gekommen) hatte ich seit langer Zeit einen wunderschönen Satz parat: "Führung endet, wenn dem Führenden keiner mehr folgt."

Auf diesen Satz bin ich stolz. Ich habe ihn zu Beginn meiner Arbeit als Führungskräftetrainer entwickelt, um bei den nicht mehr überschaubaren Definitionen, was Führung eigentlich sei, eine ganz klare und eindeutige Aussage zu treffen. Auch, wenn's dann wie ein Kontrapunkt tönt, an diesem Satz gibt's zum Thema Führung nichts mehr zu deuteln: "Führung endet, wenn dem Führenden keiner mehr folgt." Dabei ist es völlig egal, aus welchem Grund die Gefolgschaft verwehrt wird. Aus. Basta. Der Nächste bitte!

Meiner eigenen Doktrin folgend habe ich am Tag nach dieser Führungskreistagung verkündet, mich als Präsident nicht mehr aktiv um eine dritte Amtszeit bewerben zu wollen.

Aber später bin ich doch noch einmal angetreten.

Taktisch war das schon mal überhaupt keine gute Ausgangsbasis. Was hat mich da eigentlich geritten?

Ich weiß schon, die ewig gleichen Verführer - Anrufe, man bräuchte mich doch! Na gut, dann wollte ich's jetzt auch wissen: mehr Demo-kratie durch Vizepräsidenten aus den Gremien, Zulassung externer Institute, Entflechtung von Ämterhäufung - mehr Wachstum durch mehr Wettbewerb! Aua, da sahen wohl so einige ihre Pfründe und Einflusssphären bedroht, mindestens aber weitere Konflikte kommen. Nicht so gut fürs Vereinsleben (möglicherweise aber auch nicht unbe-dingt gut für die Vereinszukunft - manchmal muss eine Organisation Konflikte durchleben, um sich weiter zu entwickeln). Es folgte - völlig untypisch für diesen Verband - ein offener Wahlkampf mit verbands-öffentlicher Live-Video-Befragung der Kandidaten und dann hörte ich sogar von einer Telefonaktion bei den Mitgliedern gegen mich. Wow. Heftig. Da habe ich wohl einige Motive mancher Vereinsmitglieder und die daraus resultierende Energie ganz erheblich unterschätzt ...

Und das war's dann auch. Mein Herausforderer gewann die Wahl bei der Jahreshauptversammlung haushoch.

Ja, das tat weh. Selbst schuld, lerne daraus oder vergiss es!

Doch so sehr ich's auch aus unguter Erinnerung vermeiden wollte: Es schlich sich leise aber beharrlich schnell wieder der unglückliche, schmerzvolle und vergebliche Traum einer Reaktivierung in meinen Kopf. Verständlich nach den Erfolgen und dem Zuspruch, den ich in diesem Amt ja lange Zeit hatte. Und so giftete ich still vor mich hin: "Das kann doch nicht sein, dass die Mitglieder nicht erkennen, auf was sie sich da eingelassen haben ... das ist doch jetzt nur noch ein Verein zur Bespaßung auf Gegenseitigkeit ... das muss doch schief gehen, was für ein Niveau ... ich warte nur darauf, bis ich wieder gerufen werde". Reinstes Psychogift. Und an diesen meinen Satz in einem Gespräch über das "am-Präsidentenamt-Kleben" kann ich mich auch noch gut erinnern: "So lange mich der Verband mehr braucht als ich ihn, ist alles in Ordnung. Umgekehrt wäre es höchste Zeit zu gehen". Der Verband brauchte mich nun nicht mehr, die Zeit zu gehen war gekommen. Und ich sollte besser gar nicht erst anfangen zu hoffen, man würde mich wieder rufen.

In diesem Zusammenhang hatte ich früher im Verband sehr fasziniert eine ganz eigenartige Entwicklung beobachtet: Eine Fachgruppe, gegründet von einem Ex-Präsidenten (dem zwei weitere Ex-Präsiden folgten), machte ihr eigenes Ding, schottete sich vom Verbandsleben ein wenig geheimnistuerisch ab, gewann (vielleicht gerade deshalb) viele Mitglieder und attackierte hin und wieder mehr oder weniger heftig mein Vorgängerpräsidium. Diese Gruppe wurde zwar von einigen leicht verächtlich als ewige Nichtloslassenkönner abgetan, von anderen aber als heimliche "Opposition" bewertet. Völlig daneben: Opposition ist doch die potenzielle Regierung von morgen, die führenden Mitglieder dieser Gruppierung waren aber die realen Regierungen von gestern - oder, interessant: Waberte da vielleicht irgendwo irgendwie so eine Idee in einigen Köpfen, dass die Ehemaligen sofort wieder zur Verfügung stünden und sich reaktivieren ließen, wenn man sie denn bitten würde - also doch Opposition? Das gab zu denken. Gleichzeitig bin ich sicher, dass die Beteiligten so eine Idee weit von sich weisen würden. Ganz weit!

Doch wie sollte ich mich denn jetzt in diesem Verband weiterhin verhalten? Denn deutlich abgewählt und damit verbandspolitisch kastriert bin ich automatisch in einer Schublade mit miesem Karma gelandet (und würde dort sicher noch weiter am Gift einer möglichen Reaktivierung saugen). Lösung: Totaler Schnitt. Den ersten Fehler meines Nachfolgers nutzte ich zur Kündigung meiner Verbandsmitgliedschaft.

Damit waren meine Reaktivierungsträume zumindest rational abgehakt. Es war schön, es war gut und eine intensive Zeit meines Leben, die ich nicht missen möchte. Wie dagegen die Mitglieder später einmal in der Rückschau meine Präsidentenzeit bewerten werden, ist eine ganz andere Sache. Doch ich habe da jetzt nichts mehr zu suchen, Sollbruchstelle 65 hin oder her.

Natürlich opferte ich mit meinem definitiven Rückzugauch jede Menge Beziehungen und Kontakte. Viele davon waren für mich bis dahin gut und wichtig - ohne Verband fehlt jedoch eine gemeinsame operative Basis, sie automatisch weiter zu pflegen. Wie sehr ich im Kommunikationsnetzwerk des Verbandes eingebunden war, merkte ich erst, als sich die Zahl der täglich eingehenden E-Mails in meinem elektronischen Briefkasten von heute auf morgen ganz dramatisch reduzierte.

Nun ist ja eine Verbandsmitgliedschaft (auch in meinem ehemaligen Verband) gerade für Freiberufler eine gute Sache. Ich habe auch vor meiner Präsidentenzeit reichlich davon profitiert: Man bekommt viel mit, lernt allerlei Menschen, Methoden und Philosophien des eigenen Berufsumfeldes kennen, kann viel davon fürs eigene Geschäft nutzen und sich mit dieser Kenntnis im Zweifel von anderen Methoden und Philosophien nun umso schärfer abgrenzen, distanzieren. Man ist mehr oder weniger gezwungen, sich an und mit anderen beruflich zu reiben. Besonders, wenn man auch ehrenamtliche Funktionen übernimmt: Gestaltungs- und Lerneffekte sind enorm. Und oft denke ich, dass die Funktionsträger eigentlich den Mitgliedern für diese Möglichkeiten danken müssten, als umgekehrt stets den Dank für ihre Arbeit zum Wohle des Verbands zu erwarten. Nein, "Verein" habe ich wohl nie wirklich verstanden, da hatte ich ja meine Diskussionen.

Dennoch, mein Schritt, genau jetzt dort auszuscheiden, war richtig. Das passte nicht mehr zusammen. In Unternehmen, fällt mir auf, sind frühere Chefs bei betrieblichen sozialen Treffen, etwa bei Weihnachtsfeiern, ebenfalls eher Mangelware. Natürlich werden da die Rentner eingeladen. Doch der Anblick von Ex-Chefs kann die aktuellen Chefs ganz schön nerven (und umgekehrt).

Noch mehr nervt, wenn Unternehmenseigner plötzlich eine Kehrt-wende vollziehen und sich selbst wieder reaktivieren: Firmenchefs, die sich aus ihren Unternehmen zurückziehen wollen, alles für ihren Rückzug in die Wege leiten und dann den letzten, entscheidenden Schritt doch nicht gehen. Oder die nach einiger Zeit mit voller Kraft wieder ins Unternehmen einrauschen und im operativen Geschäft mitmischen, umgeben von einer steilen Bugwelle der Irritation bei allen Beteiligten. Drei Beispiele:

Der eine plante ein soziales Engagement, wollte sein Unternehmen an seine Manager verkaufen - und tat es in letzter Minute doch nicht, obwohl die Verträge schon unterschriftsreif vorlagen. Immerhin, hörte ich neulich, lässt er seine Manager weitgehend ihren Job machen und hält sich aus dem operativen Geschäft heraus. Doch die letzte Verantwortung behält er sich vor, und seine Manager bleiben an der (langen) Leine. Der andere träumte davon - und verkündete das lauthals auch allen -, vom Unternehmersein genug zu haben und sich im Rest seines Lebens die Welt mal als Privatier anzusehen. Er regelte seine Nachfolge, verkaufte Teile seines Unternehmens - und blieb dann doch lieber in seinem bequemen Chefsessel sitzen als im Flieger die Sitzgurte für den Start zur Weltreise fest zu zurren. Ange-zurrt auf ihren Positionen blieben dafür die bestellten und bis dahin hoffnungsfrohen, nun aber bös frustrierten Nachfolger. Der dritte schließlich wandelte sein Unternehmen in eine Kapitalgesellschaft um, zog sich in einen neu geschaffenen Beirat zurück - und mischte bei einer ersten geschäftlichen Schieflage ein paar Jahre später als Unternehmenseigner doch wieder hyperaktiv und an vorderster Front im Tagesgeschäft mit. Unberechenbar für alle und an seinen Füh-rungskräften vorbei. Gut, das war vielleicht aus seiner Sicht betriebs-wirtschaftlich notwendig. Aber schön war's nicht - das Problem hätte er auch eleganter und konsequenter an anderer Stelle lösen können. Hat er aber nicht. Schade.

Da hörte ich neulich einen altklugen Ratschlag eines noch jungen Gründers, der einen Großteil seines Unternehmens an einen Konzern verkaufte: "Verkaufe nie alles, behalte einen Teil und reserviere dir vertraglich eine Leitungsfunktion mit Vetorecht im Unternehmen. Damit kannst du dich jederzeit wieder reaktivieren, wenn dir danach ist." Mag sein. Dass er dabei gleichzeitig einen ziemlich großen Unsicherheitsfaktor für seine Führungskräfte und Mitarbeiter schuf, interessierte ihn nicht weiter. Denn er hatte - wie er mir erzählte (und wie ich es selbst oft genug beobachtete) - die Schicksale erfolgreicher Unternehmer im Kopf, die nach dem Totalverkauf ihrer Unternehmen nicht wirklich etwas mit sich und der Welt anzufangen wussten. Schlimmer noch: Den Erlös ihrer Unternehmensverkäufe investierten sie in dieses oder jenes Geschäftchen, nichts brachte wirklich etwas ein, nichts gab es, was sie mit demselben unternehmerischen Elan wie früher faszinierte und befeuerte. Und die Geschichten, die sie heute erzählen und die Namen, die sie nennen, sind immer noch die von früher. Da kommt offenbar nichts Neues, nichts Interessantes mehr dazu. Wie öde.

Nun kann man sich als Unternehmenseigner, wenn einem nichts besseres einfällt, natürlich die Rückkehr, die Reaktivierung vorbehalten. Alles eine Frage des Marktes und der Vertragsverhandlung. Diese Chance hat man als Angestellter nicht. Da kann man nichts verhandeln, da ist man draußen. Normalerweise.

Wie viele träumen wohl, ausgemustert zum Ende ihres Arbeitslebens, den immer gleichen Traum vom "Wieder-gebraucht-Werden"? Dass es ohne sie nicht weiter ginge, dass gerade sie (und nur sie!) in brenzligen Situationen die Rettung bringen würden?

Wie viele warten wie lange auf so ein Comeback ... und schauen sich wehmütig immer wieder die Filme an, in denen ältere Polizisten, Agenten oder andere Spezialisten und Alltagshelden aus dem Ruhestand reaktiviert werden und es den Jüngeren einmal so richtig zeigen, um dann von ihnen respektiert bis vergöttert (und auch noch mit neuer Liebe an ihrer Seite) endgültig abzutreten? Ja, so etwas bietet jedes Mal wieder einen tollen Stoff. Und ist hochaktuell. Interessant, dass dieses Thema sogar vom Drehbuch für den sonst ewig jugendlich wirkenden 007-Superhelden James Bond aufgenommen wird: Schon so gut wie ausgemustert, darf der alte und leicht ergraute 007 in "Skyfall" (2012) doch noch einmal zeigen, für was er gut ist, und weswegen Jüngere staunen und Respekt entwickeln dürfen und ihnen die ganze Welt dankbar ist (natürlich mit höchsten Orden und Auszeichnungen). Das kommt an. Das rührt, das bewegt und produziert jede Menge Sympathie ...

Aber eben nur im Kino, in der Welt der Sehnsüchte. Selten in der Wirklichkeit. Es hilft nichts: Von Reaktivierung träumen, bedeutet vor allem Selbstbetrug. Einen Selbstbetrug, bei dem wir ausblenden, dass sich die Welt mit der Zeit unseres Abgangs weiter gedreht hat. Wir bedenken dabei kaum, dass andere unsere Aufgaben übernommen und sich dadurch wieder andere ebenfalls neu positioniert haben und das alles nicht einfach so wieder aufgeben wollen. Wir blenden neu eingeführte Technologien, Abläufe, Außenbeziehungen und vieles mehr aus. Ob das nun gut oder schlecht ist, spielt überhaupt keine Rolle. Die Veränderung an sich ist entscheidend. Und die Menschen, die an ihr mitgewirkt haben, die aktiv oder passiv daran beteiligt sind. Mal ehrlich: Reaktivierungsträume projizieren unsere Sehnsüchte doch auf eine Welt und auf Beziehungen, wie sie in unserer Erinnerung mal bestanden hatten, aber längst nicht mehr sind. Das bedeutet letztendlich, dass wir einen Großteil der Energie unseres Denkens investieren in Hoffnungen, die genau in dem Moment, in dem sie entstehen, bereits Vergangenheit geworden und eingesargt sind. - Ist doch völlig verrückt. Ja. So sind wir eben. Zumindest einige von uns.

Ein wirkliches Comeback gelingt nur ganz wenigen. Meist noch großen Künstlern, die diszipliniert an sich arbeiten und sich mit der sich ändernden Umwelt weiter auseinandersetzen. Im normalen wirtschaftlichen, gesellschaftlichen und politischen Leben ist Reaktivierung ziemlich selten.

Ausnahme Italien: Seit Gründung der Republik Italien (1946) gab es bis heute in 68 Jahren immerhin 63 Regierungen. Mindestens fünf Ministerpräsidenten wurden ein oder mehrmals wieder gewählt, nachdem zwischenzeitlich andere an der Spitze der Exekutive standen (beispielsweise Silvio Berlusconi, seit 1994 viermal Ministerpräsident Italiens, letzter Rücktritt 2011). Mag sein, dass so ein Personalverschleiß viele neue Bewerber mit Potenzial abschreckt. Mag sein, dass die Wähler im Zweifel bekanntes Übel dem unbekannten vorziehen. Mag aber auch sein, dass die Abgelösten alles daran setzten, ihren Nachfolger selbst wieder zu beerben.

Ups, da offenbaren sich ja merkwürdige Gedankenketten: Gerade intensiviere ich in einem Volkshochschulkurs mühsam aber eifrig meine Italienischkenntnisse ...

7) Loyalität

Angereist und angekommen: Im Büro des Geschäftsführers eines mittelständischen Unternehmens, Teil einer größeren Unternehmensgruppe. Großzügig und modern gestaltet, offener Blick auf die Werkhallen, dahinter viel ländliche Idylle, ganz in der Ferne die Berge, süddeutsche Provinz. Das Unternehmen hatte sich mit viel Ästhetik und Eleganz in Produktpalette und Werbung, mit Innovation, High-Tech, solidem Wirtschaften und konsequentem Marketing zur Marktführerschaft vorgearbeitet und weist eine beachtliche Exportquote auf. Vor vielen Jahren war ich dort längere Zeit als Managementberater und -trainer mit Führungs- und Verkaufstrainings sowie Beratungen aktiv, mein Konzept über Jahreszielvereinbarungsgespräche und einige meiner anderen Führungsmethoden sind dort gut eingeführt. Es war ein erfolgreiches und gutes Arbeiten, ich traf angenehme Menschen und spürte ein positives Betriebsklima. Nun sitze ich also wieder in diesem Büro. Irgendwie haben der Geschäftsführer und ich den Kontakt miteinander nie ganz verloren und uns spontan zu einem Gespräch bei ihm verabredet. Wer weiß, dachte ich, vielleicht kommen wir ja doch wieder ins Geschäft. Zudem: Ich fand ihn sehr sympathisch, da war viel gleiche Wellenlänge.

Er informiert mich über die Entwicklung des Unternehmen und seiner Führungskräfte, ich erzähle, was es Neues bei mir gibt. Dann sprechen wir über die Aktivitäten unserer Frauen, über Urlaube und über die Söhne und Töchter. Dann schwenkt das Gespräch wieder in die allgemeine wirtschaftliche Situation ein. "Strategie ist nicht mehr ..." sagt er bedauernd und nennt als Beispiel die Ukraine, wo das Unternehmen kurz vor dem Ausbruch des Bürgerkriegs mit viel Hoffnung eine Dependance aufgebaut hatte. Und dann, weil wir gerade bei Strategie und Führung sind, meint er beiläufig "... Sie haben ja unsere Führungskultur entscheidend geprägt ...".

Das klingt gut, denke ich. Und während ich noch diesem Satz nachhänge, deutet der Geschäftsführer an, dass wir doch wieder enger zusammen kommen sollten, da hätte er so eine Idee. Oh, denke ich mir, da habe ich jetzt sogar einige Ideen ...

Doch ein paar Wochen später war dieser Geschäftsführer einfach weg. Nicht mehr erreichbar. Er hatte gekündigt. Nachvollziehen konnte ich es gut, denn seine unternehmerischen Vorhaben wurden, wie er mir in jenem Gespräch schon angedeutet hatte, in der Unternehmensgruppe nicht favorisiert.

"Und Sie wissen nicht wohin er gegangen ist?" frage ich seine frühere Sekretärin am Telefon. Nein, das sagt sie mir nicht (ich höre darüber leises Bedauern daraus). Dabei bin ich ziemlich sicher, dass sie es weiß, aber nichts ausplaudern darf oder will. Hoch loyal. Seit ich mit diesem Unternehmen zu tun hatte, war sie seine Sekretärin. Ein völlig anderer Charakter als ihr Chef, aber da passte - vielleicht gerade deswegen - einfach alles. Ein super Team, die beiden. Ich mochte sie. Beide.

"Und was wird jetzt aus Ihnen?", frage ich.

"Ja, da muss ich jetzt wohl manchmal ein wenig trocken 'runter-schlucken. Wir kamen sehr gut miteinander aus. Sie haben doch selbst einmal gesagt, der Herr (Geschäftsführer) und ich wären 'wie ein altes Ehepaar'. Das stimmt schon irgendwie ..."

Oh Mann, denke ich, das ist bitter. Der Chef übernimmt fröhlich einen neuen Job, und seine engste Mitarbeiterin bleibt zurück und muss einen neuen Chef übernehmen und ertragen, der ein ganz anderer Typ ist als sein Vorgänger ...

"... Naja, so schlimm wird's nicht werden: Mein Mann ist jetzt in Rente - hat jetzt mehr Zeit, und wir wollen noch intensiver unseren Garten und unsere Reisen genießen", beschwichtigt sie wenig überzeugend mich und sich selbst angesichts ihres radikal veränderten beruflichen Alltags. Ihre Freizeitvorhaben erscheinen mir allerdings als äußerst schwache Ausflüchte bei ihrem bisherigen Engagement im Unternehmen - das waren bestimmt weit mehr als nur 40 Stunden pro Woche. Und Gartenarbeit? Kann ich mir bei ihr auch nicht wirklich vorstellen. Bitter.

Da gibt's Parallelen.

Denn, anderer Tatort, viele, viele Monate früher: "Da kommen sie hereinspaziert wie ein altes Ehepaar", begrüßt der Moderator einer Trainergruppe fröhlich Petra und mich, als wir bei einer Tagung mehrerer Arbeitskreise des Verbandes überall einmal vorbeischauen und jetzt gemeinsam diesen Seminarraum betreten. Damals war ich Präsident des Verbandes, Petra die Leiterin der Verbandsgeschäftsstelle.

Muss mir das "alte Ehepaar" peinlich sein? Doch angesichts des breiten, zustimmenden und keinesfalls unfreundlichen Grinsens aller Anwesenden beschließe ich, mich darüber ruhig mal freuen zu dürfen. Sicherheitshalber vermeide ich aber Blickkontakt zu Petra, meiner hauptamtlichen Kollegin, die ich aus dem Augenwinkel heraus rechts neben mir ebenfalls einen winzigen Moment lang unschlüssig verharrend wahrnehme. Etwas derber dann später in jenem Jahr: "Sag mal, seid ihr ein Paar?" Das fragt gerüchtelüstern auf Bejahung, mindestens aber auf Verlegenheit hoffend, eine Trainerkollegin reiferen Alters, als Petra und ich wieder einmal sehr unisono (bei einer Messe, erinnere ich mich) unserer Ämter walten.

Nein, ein Paar waren wir nicht. Da gab es Grenzen. Gleichzeitig waren wir durch den Job tatsächlich sehr eng miteinander verbunden. Ich als ihr (ehrenamtlicher) und nur alle 14 Tage zum Jour fixe auftauchender Vorgesetzter und sie als angestellte Leiterin der Geschäftsstelle, die mit zwei weiteren Kräften das Tagesgeschäft des Verbandes mit damals weit über 600 meist freiberuflichen Trainerinnen und Trainern plus weiteren ehrenamtlichen Vizepräsidenten, Beirat und Führungskräften effizient managt. Die gute und reibungslose Zusammenarbeit mit ihr und ihrem Team in der Geschäftsstelle vermisse ich heute besonders, wenn ich rückblickend die ganze Verbandsarbeit betrachte. Zwar waren wir beileibe nicht immer einer Meinung. Gleichzeitig aber verstanden wir uns und vertrauten einander: Wir haben vieles völlig neu aufbauen müssen, nachdem ihre Vorgängerin von einem Tag auf den anderen schwer krank wurde, nicht mehr wieder kam, und wir erst dann entdeckten, wie viele Baustellen in der ganzen Verbandsverwaltung lauerten. Nicht allein die Schuld der Vorgängerin, sondern auch diktiert durch falsche oder zu zögerliche Entscheidungen der Vorgängerpräsidien. Da hatten wir etwas zu tun. Viel auf einmal und viel zugleich. Das schweißt unweigerlich zusammen, wenn's gut werden soll.

Und jetzt? Ja, jetzt.

Muss sie jetzt wohl auch "manchmal ein wenig trocken 'runterschlucken"? Vielleicht. Vielleicht aber auch nur in meinem, meiner eigenen Ex-Chef-Eitelkeit geschuldeten Denken und nicht wirklich. "Geschmeidig sein", war oder ist ihre Devise, und ich bin zuversichtlich, sie ist es auch. "Kein Problem", hörte ich vor längerer Zeit von ihr am Telefon, als ich ganz, ganz vorsichtig etwas über ihre Arbeit mit meinem Nachfolge-Präsidium erfahren wollte. Ich beließ es dabei, freute mich rational, dass sie nicht klagte und verbot mir emotional, nachzufragen. Mehr wollte und durfte ich gar nicht wissen wollen, es wäre unfair gewesen. Meinen Kontakt zu ihr und ihren Kolleginnen in der Geschäftsstelle habe ich auf die obligaten Weihnachtsgrüße reduziert. Eine Reduktion die mir schwer fällt - früher telefonierten und mailten wir nahezu täglich, und es war jedes Mal gut. Schnitt. Brutaler Schnitt.

Schade, schade. Passt zufällig genau in meine Sollbruchstelle 65.

Grundsätzlich hatte ich nach meinem Ausscheiden tatsächlich ein wenig Sorge gehabt um das weitere berufliche Schicksal meiner mir früher sehr vertrauten Mitarbeiterin und ihrer beiden Kolleginnen.

Die konkrete Sorge war glücklicherweise nicht, die grundsätzliche dagegen sehr wohl begründet. Betrachten wir einmal die vorn in diesem Kapitel beschriebene und leider oft dümmlich karikierte klassische Beziehung Chef-Sekretärin (die nach wie vor motivschwanger durch abendliche TV-Unterhaltungsfilme durchgereicht wird). Sosehr diese Beziehung auch als erstrebenswert und als beruflicher Idealzustand erscheinen mag, so sehr gilt sie in der realen Welt auch als gemeinsames Schicksal. Wenn der Chef gefeuert wird, werden seine engsten Mitarbeiter(innen) auch abgebaut. Nicht immer sofort und nicht ganz, aber dann schon. Unaufhaltsam. Stückchenweise. Gleich drei Mitarbeiterinnen in meinem letzten Angestellten-Job, die einst als mächtige wie charmante Chefsekretärinnen regierten, wurden nach Ablösung ihrer Chefs immer weiter deklassiert und führten am Ende mehr oder weniger froh mehr oder weniger beliebige Hilfsarbeiten im Büro aus.

Beileibe keine Einzelfälle und beleileibe nicht auf das klassische Chef-Sekretärin-Verhältnis beschränkt. In der Politik ist es nahezu üblich, dass bei einem Regierungswechsel auch das Personal in der zweiten und dritten Reihe ausgewechselt wird. In Unternehmen und anderen Organisationen ist das nicht sehr viel anders, es wird allerdings weniger öffentlich vollzogen.

Das Problem: Loyalität. Ein zweifaches Problem. Denn echte Loyalität setzt eine echte und tiefe Beziehung zu einer Führungspersönlichkeit voraus (und von dieser umgekehrt zu den Mitarbeitern), der man sich unterwirft und damit dem eigenen Spielraum Grenzen setzt. Gleichzeitig weckt genau diese oft über Jahre aufgebaute Beziehung bei denen, die von ihr ausgeschlossen sind, Misstrauen, Neid und Eifersucht.

Gerade bei einem Führungswechsel wird das deutlich. Da übernimmt der Nachfolger Mitarbeiter, auf deren Loyalität er sich ab sofort voll verlassen muss. Und er weiß nicht, wie eng und tief die loyalen Bande zu seinem Vorgänger geknüpft waren oder sogar noch sind. Nur wirklich starke Führungspersönlichkeiten können damit umgehen. Und davon gibt es leider nicht so viele.

Eine recht gefährliche Angelegenheit also. Vor allem für die Mitarbeiter. Denn gerade dann, wenn ein Übergang vielleicht nicht ganz reibungslos über die Bühne gegangen ist (und sehr oft ist es das), tauscht der Nachfolger sicherheitshalber die engsten Mitarbeiter des Vorgängers einfach aus - schließlich müssen ja auch eigene loyale Gefolgsleute untergebracht, die neue Macht stabilisiert werden. Die Geschichte und jede Menge Geschichten bezeugen es.

Loyalität ist ein ganz natürlicher Prozess. Wenn ein Team bei gemeinsamer Arbeit zusammenwächst, wächst nicht nur die Loyalität dem gemeinsamen Ziel gegenüber, sondern auch die Loyalität untereinander. Je einzigartiger oder verantwortungsvoller die Aufgabe/das Ziel ist, desto enger rückt die Gruppe zusammen und hält mehr oder weniger bewusst den Rest der Welt immer ein wenig mehr auf Distanz. Damit erklärt sich auch, warum sich das zitierte Gespann Chef-Sekretärin im Idealfall ganz besonders eng zusammenschließt - die Aufgaben der beiden sind ja idealerweise mit Abstand einzigartig in einer Organisation: Beim Chef liegt die letzte Verantwortung und seine Sekretärin ist diejenige, die die Konsequenzen daraus anderen übermittelt, die ihn als Letzte vor Entscheidungen beraten kann und die deshalb gleichzeitig ein Ohr haben muss für die Belange und Stimmungen der Mitarbeiter. So eine Art diplomatischer Doppelspion also, durchaus mit einem großen, wichtigen und eigenständigen Verantwortungsbereich. Natürlich muss für so eine Funktion die Wellenlänge zwischen Chef und Sekretärin absolut stimmen. Nichts ist schlimmer, als wenn der Chef an seiner Sekretärin vorbei agiert, weil er schwach ist, kein Vertrauen aufbauen kann oder andererseits - vielleicht sogar unbewusst - zu viel Druck ausübt. Oder weil ein Grundkonsens fehlt, beziehungsweise nicht entwickelt werden kann.

Ein Grundkonsens, der hohe (gegenseitige) Loyalität voraussetzt und der sie gleichzeitig erzeugt, und in dem man sich vertraulich austauschen kann, ja muss, bevor dann ausgereifte Entscheidungen nach draußen dringen.

Das gilt in kaum abgeschwächtem Maß auch für kleine Teams, die sich untereinander auf ein gemeinsames Ziel eingeschworen haben. Dabei gibt es in jeder Gruppe eine Führungspersönlichkeit, der die anderen folgen. Eine Führungspersönlichkeit, die die Ziele vorgibt und die Aufgaben verteilt. Je mehr die Ziele/Aufgaben den Charakteren und Fähigkeiten der einzelnen Gruppenmitglieder entsprechen, ihnen also buchstäblich auf den Leib geschneidert sind, desto mehr entfachen sie dort Motivation und Begeisterung und desto stärker wirkt umgekehrt die Ausstrahlung, das Charisma der Führungspersönlichkeit. Ihr wird hohe Loyalität entgegengebracht, man will für sie und für die durch sie vermittelten Überzeugungen, die man sich ja sehr schnell selbst zu eigen gemacht hat, buchstäblich durchs Feuer gehen. Und aus lauter Übereifer werden dann schon mal hie und da kleinere Feuer gegen andere entfacht ...

Natürlich gibt es immer auch die Loyalität gegenüber dem Unternehmen, der Partei, dem Verband. Doch die wird schwächer, je charismatischer eine Führungspersönlichkeit agiert, je höher so ein eingeschworenes Team in der Hierarchie angesiedelt ist oder je persönlicher eine Arbeitsbeziehung aufgrund der Einzigartigkeit der Job-Description und der Vertrauensstellung ist. Zudem: Jeder interpretiert gemeinsame Ziele etwas anders. Beispielsweise kann das Verständnis eines Unternehmensziels durchaus etwas unterschiedlich ausgelegt werden. Und die Interpretation eines Unternehmensziels obliegt natürlich der Führungskraft an der Spitze einer Gruppe und ihrem persönlichen Charakter und ihrem Verständnis dieser Ziele.

Dieser Spruch ist nicht nur so daher gesagt: "An der Spitze wird's persönlich". Je mehr Verantwortung in einer Position angesiedelt sind, desto mehr wird das eigene Schicksal mit dem der Führungspersönlichkeit in der Ebene darüber verknüpft. Höchste Loyalität. Alles andere macht keinen Sinn. Es sei denn (mal minus eins), man will in so einer Position direkt, kompromisslos und gnadenlos eine missliebige Führungsfigur wegputschen.

Um die Zusammenhänge zwischen Karriere und persönlicher Bindung zu veranschaulichen, habe ich entsprechend der Maslowschen Bedürfnispyramide verschiedene Typen und Verhaltensweisen für Karriere von Führungskräften entwickelt. Das Schema baut sich von unten (1) nach oben (5) so auf:

(1) "Chef-Ertrager": Basis für Zusammenarbeit gegeben, Eigenarten des Chefs werden distanziert, aber ohne Gegenwehr stabil ertragen, Leistungen gerade über dem Soll.

(2) "Performer": Gute Fach- und Führungs-Performance, gutes Auskommen mit dem Chef, keine ausgeprägten weiteren Ambitionen.

(3) "Freiraum-Gewinner": Schafft sich basierend auf (2) eigene Freiräume, eigene Gestaltungsmöglichkeiten, erscheint ambitioniert, fühlt sich in Nähe des Chefs wohl, sucht diese aber nicht.

(4) "Chef-Vertrauter": Wird, basierend auf (3) für Chef wichtig, Chef sucht seine Nähe, konsultiert ihn vor wichtigen Entscheidungen.

(5) "Chef-Berater": Hat sich eine eigene Funktion geschaffen - entweder basierend auf (4) als Manager in der Linie oder unabhängig davon in einer Stabsfunktion.

Natürlich gibt es nach meiner Luzifer-Idee auch die Kehrseite:

(-1) "Fluchtkündiger": Basis für Zusammenarbeit nicht mehr gegeben, emotional verzweifelte Kündigung nach dem Motto "bloß weg von hier" ... meist wird damit der erste deutliche Karriereknick im Lebenslauf gesetzt (höchst gefährlich für den Betroffenen!)

(-2) "Exit-Stratege": Basis für Zusammenarbeit nicht mehr gegeben, der Abgang wird aber geduldig, trickreich und strategisch vorbereitet, um beispielsweise die Abfindung in die Höhe zu treiben oder den gezielten Wechsel für eine bessere Position in einem anderen Unternehmen zum richtigen Zeitpunkt vorzunehmen.

Klarer Fall: Eine klassische Karriere unter bestehenden Voraussetzungen läuft über die Stufen (1) bis (5), die Stufe (5) ist Endziel dieser Karriereleiter. Gleichzeitig sind die Stufen (5) und (4) gefährliche Schleudersitze, wenn in der Führungsebene darüber ein Wechsel stattfindet. Die meisten Karrierechancen für einen Wechsel innerhalb einer Unternehmensgruppe hat man in der Stufe (3), "Freiraumgewinner": Da zeigt man Performance und Ambitionen, ohne sich zu sehr an einen Chef zu binden, ohne schon parteilich zu wirken.

Ich wiederhole das Problem: Loyalität.

Je loyaler eine Gruppierung hinter einem Chef oder einer Chefin steht, desto mehr Irritationen werden frei und lähmen, wenn er oder sie plötzlich gegangen und durch eine andere Person ersetzt wird. Denn jede Führungspersönlichkeit, die auf sich hält, wird zwangsläufig das eine oder andere anders machen wollen. Ja, sie muss es sogar, wenn sie neue Dynamik in der Organisation entwickeln, eine eigene Kultur schaffen will. Sie muss mit eigenen Vorstellungen führen und eigene Spuren setzen. Selbst in eher statischen Organisationen wie Verwaltungen hofft oder fürchtet man, dass "neue Besen gut kehren".

Je höher die Loyalität, desto schwieriger wird es, sie bei Umbrüchen einfach so gegen eine andere auszutauschen. Schließlich ist ja das Wesen der Loyalität in ihrer tiefen Bindung begründet, ich kann sie nicht so einfach aufgeben und mir gleich eine neue zulegen. Heißt im Umkehrschluss: Je volatiler meine Loyalität ist, desto größer sind meine Überlebenschancen. Bedeutet weiter: Die Mitarbeiter, die ständig einen gewissen mentalen Sicherheitsabstand zur Führung einhalten, sind eigentlich recht schlau und intuitiv strategisch mehr am Verbleib im Unternehmen interessiert als die temperamentvollen hoch engagierten Ego-Shooter, die dann schon mal übers Ziel hinausschießen und ihrem Temperament entsprechend auf Risiko spielen.

Das muss man erst einmal verdauen. Konsequent zu Ende gedacht: Wenn das so ist, dann sind sehr, sehr viele Motivationstrainings per se total überflüssig, haben nicht einmal Unterhaltungswert und sind allein der Eitelkeit der Chefs geschuldet. Immer schon habe ich mich über die nahezu jährlich kommenden Horror-Meldungen aus Umfragen geärgert, die da drohend und besorgt zum Ergebnis kommen: "80 Prozent der Mitarbeiter haben innerlich gekündigt". Na und? Erstens arbeiten diese 80 Prozent nach wie vor im Unternehmen, zweitens haben sie vielleicht die Erfahrung gemacht, dass mehr Engagement wegen häufiger Chefwechsel schädlich sein könnte. Diese Horrormeldung taugt wohl nur zur Ankurbelung des Coaching- und Motivationstraining-Geschäfts.

Doch endlich drängt sich wieder diese lästige Frage auf: Was haben diese Überlegungen mit meiner persönlichen Sollbruchstelle 65 zu tun? Welcher finalen Antwort oder Selbsterkenntnis weiche ich da eigentlich aus?

Selbsterkenntnis und finale Antwort: Ich bin, Führungstests haben das (auch zu meiner Überraschung) offenbart, Teamplayer. Loyalität im und für ein Team ist mir deshalb sehr wichtig. Früher war es meine tiefe, bedingungslose Loyalität meinen letzten Chefs gegenüber. Und gegenüber meinen Mitarbeitern. Sie wurde erwidert. Das erleichtert vieles, motiviert, freut - und bringt Erfolge.

Das war viel später im Verband meine Loyalität gegenüber den Mitgliedern und der Organisation insgesamt. Und in Einzelfällen meine Loyalität gegenüber Kolleginnen oder Kollegen, mich ohne Rücksicht auf Beliebtheitspunkte vor sie zu stellen, wenn sie unfair angegriffen wurden. Dieses absolut loyale Eintreten für gemeinsame Ziele und für Menschen in meinem Team/meinem Verband war und ist mir wichtig.

Von anderen verlange ich das nicht. Ich bin nicht einmal enttäuscht über Illoyalität. Doch für mich ist Loyalität ein hohes Gut, wohl wissend, dass diese Haltung auch riskant sein kann, bei Außenstehenden Misstrauen weckt und sicherlich auch zur einen oder anderen Maßnahme verführt, die man auch ein wenig gelassener hätte angehen können.

Vorbei. Natürlich bin ich auch meinen Kunden gegenüber loyal und selbstverständlich gegenüber meiner Frau und meinen Söhnen und ihren Familien. Daran wird es nie fehlen. Doch echte Loyalität offenbart sich nur bei Konflikten. Bei Konflikten oder in ähnlichen, spannungsgeladenen Situationen oder Entscheidungen, in denen man nicht direkt selbst betroffen ist, sondern in denen man sich in legitimierter Funktion und wirksam voll für andere einsetzen und sich ihnen und/oder einer Idee gegenüber loyal erweisen kann.

Das, diese tief empfundene Loyalität mit vollem Einsatz, denke ich, werde ich in dem erlebten Umfang nicht noch einmal erleben. Meine Zukunft ist überschaubar geworden. Da muss ich mir noch etwas einfallen lassen.

Sollbruchstelle 65: Erst, wenn etwas unwiederbringlich verloren ist, lernt man seinen wahren Wert kennen. Immerhin das.

Doch dabei gibt es auch völlig überraschende Wendungen: Anfang Juni verabrede ich mich mit Ulrike Vetter zum Essen. Vor mehr als zwanzig Jahren habe ich sie als Leitender Angestellter in einem Unternehmen der Bertelsmann-Fachverlage zur Cheflektorin Management-Buch befördert - und jetzt sitzt sie vor mir und bietet mir als Publishing Editor einer größeren, eher wissenschaftlich orientierten Verlagsgruppe einen Verlagsvertrag für mein werdende Buch an. Natürlich haben wir uns furchtbar viel zu erzählen. Das werdende Buch ist dann eher schnell beim Espresso danach abgehakt. Und dann hat sie noch eine faustdicke Überraschung in petto: "Ich würde, wenn Du einverstanden bist, Dein Buch von Brigitte lektorieren lassen."

"Brigitte ...?" "Ja, Brigitte Stolz-Dacol, sie arbeitet für mich als freie Lektorin" - Jetzt bin ich wirklich baff: Brigitte habe ich damals zur Cheflektorin im Schulbuch-Programm gemacht und später zu meiner Stellvertreterin. Nach meinem Abgang im Verlag wurde sie jedoch bald Mutter und zog mit ihrem Mann nach Köln - zwanzig Jahre habe ich sie nicht mehr gesehen. Natürlich soll sie lektorieren (obwohl ich vor ihrem kritischen Lektoren-Blick mindestens so viel Respekt habe wie vor dem von Ulrike)!

"Und ich weiß", sage ich zu Ulrike, "was ich jetzt machen werde: Ich werde Annette Mühlberger mailen, ob sie nicht in meinem Auftrag die PR für mein Buch übernehmen will ..." Fröhlich zustimmendes Lachen: Annette habe ich damals als meine Redaktions-Assistentin eingestellt und nur wenige Jahre später ihre Beförderung als Chefredakteurin und als meine Nachfolgerin in der "Sales Profi"-Redaktion durchgesetzt. Auch sie wurde Mutter und betreibt heute recht erfolgreich eine Ein-Frau-Agentur als Journalistin und PR-Expertin südlich von Stuttgart. "Team reloadet", mailt Annette später begeistert auf meine Anfrage zurück, in ihrem Kopf wirbeln schon Ideen.

Ja, reloadet - neu geladen - Reanimation einer längst für vergangen, vergessen und begraben geglaubten Verbindung. Natürlich in einer ganz anderen Konstellation und mit Lektorats-Loyalitäten, die selbstverständlich im Verlag angesiedelt sind und nicht mehr bei mir, dem Ex-Ex-Ex-Chef und heutigem Autor. Dennoch: Ich freue mich, ausgerechnet mit meinen drei Spitzenfrauen von ehedem ausgerechnet bei diesem sehr persönlichen Projekt wieder zusammen zu arbeiten.

Irgendwie, denke ich, könnte dies alles doch so eine Art Zinseszins-Ertrag für gegenseitige Loyalität sein und die nun bestätigte, wirklich gute Zusammenarbeit vor langer, langer Zeit. Unglaublich. Das hätte mir/uns vor zwanzig Jahren mal einer sagen sollen ... nicht vorstellbar.

Dass dieses Buch dann doch nicht in jenem Verlag erschienen ist, für den Ulrike arbeitet, tut unseren spät noch einmal fröhlich aktivierten

Beziehungen keinen Abbruch: Zu wenig wissenschaftlich meinte ihre Chefin. Die angesprochene Zielgruppe kauft das nicht, meinte ein anderer Verleger.

Dann verlege ich das eben auf eigenes Risiko, denke ich mir, ermutigt von einer Lektorin, die gar nicht mehr aufhören konnte, in diesem Manuskript zu lesen, wie ich später hörte.

8) Leidenschaft

Ähnlich wie bei Loyalität kommt mit dem beruflichen Abschied oder mit reiferem Lebensalter schlechthin auch das Objekt für Leidenschaft mehr oder weniger plötzlich abhanden. Normalerweise jedenfalls. Und ist - wie bei Loyalität - auch nicht einfach so durch ein anderes Ziel zu ersetzen.

Auf Leidenschaftsverlust sind wir nicht wirklich vorbereitet. Besonders, wenn diese Leidenschaft einen großen Teil unserer Arbeit, Lebensfreude und -Qualität ausgemacht hat, haben wir selten daran gedacht oder gar vorgebeugt, wie es wäre, künftig auch ohne auszukommen. Das konnten und wollten wir uns besser gar nicht erst vorstellen.

Da melden sich wieder die Best-Ager-Protagonisten: Hobby für den Ruhestand finden, etwas ganz anderes machen, ein Senioren-Ehrenamt suchen, sich einer neuen Gemeinschaft anschließen ... Ja. Selbstverständlich. Ich werde das vielleicht etwas lustlos angehen, aber ich kann es tun.

Ich kann sogar sehr viel Positives in einem Abschied oder Wechsel finden, sofern ich mich in der früheren Gruppe oder Gesellschaft immer mit ein wenig Distanz bewegt habe. Solange ich eher passiv als aktiv mitgemacht und keine Bindungen oder auch liebe Gewohnheiten entwickelt habe. Oder sofern mir anderes (Familie, Hobby, neuer Job) stets wesentlich reizvoller erschienen sind. Oder, wenn mir im Gegenteil eigentlich gar nichts wirklich wichtig ist. Dann ist eigentlich alles ziemlich easy - oder egal, was ich wo, wie und mit wem unternehme.

Wenn ich aber nicht so cool bin, dann kann ich nicht.

Logisch. Und nur deshalb gibt es ein Problem. Denn wenn mir nichts wirklich wichtig ist, bin ich vielleicht gefühlskalt, bestenfalls langweilig, aber nicht verletzbar. Und nur, wer verletzt ist, sinnt auf Rache, will sich wehren oder zieht sich schließlich in die resignative Isolation zurück mit dem Ziel, dass ihm doch bitte alles egal sein möge. Und wer Leidenschaft für sein Tun entwickelt hat, wohin damit jetzt ...?

Die Ideen der Seniorenflüsterer haben nämlich alle einen kleinen, aber entscheidenden Denkfehler: Leidenschaft. Vielmehr: die nicht mehr notwendigerweise zu aktivierende und deshalb leer laufende Leidenschaft für ein Projekt, das es nicht mehr gibt, die nicht mehr notwendige Anstrengung für etwas, das einem wirklich am Herzen liegt, und die deshalb nur geringe Freude am Erfolg. Schließlich die ausbleibende ständige Auseinandersetzung mit den anderen am Arbeitsplatz, die nicht mehr geforderte Bereitschaft zur engagierten Loyalität.

Leidenschaft. Entweder man hat sie oder man hat sie nicht. Sie entwickelt sich sehr oft erst mit dem Tun. Echte Leidenschaft kann ich dann auch nicht täglich wechseln wie mein Hemd. Da hat er schon recht, der Herr Vetter, wenn ihm zu irgendeinem ersatzweisen Hobby nur ein verabscheuendes "Bäh" einfällt, und er sich nach erneuter Reaktivierung im leidenschaftlich ausgeübten Beruf sehnt.

Wenn ich mit Leidenschaft etwas betreibe, dann mache ich das voller Inbrunst, Emotionen und Hingabe. Dann opfere ich dem meine ganze Zeit, alle meine Begabungen und Fähigkeiten, mein ganzes Denken und alle meine Gefühle. Wenn man leidenschaftlich liebt, dann ist das großes Kino. Als leidenschaftlicher Sportler ist man überaus populär und verdient (hoffentlich) viel Geld durch Werbespots. Wenn man dagegen leidenschaftlich seiner Arbeit nachgeht, wird man jedoch von Nachbarn, Bekannten und Freunden schnell verächtlich als Work-aholic abgestempelt. Unfair. Aber so ist sie, unsere Spaß- und Selfie-Gesellschaft mit ihren lustigen Posts und unzähligen kaum bekannten Freunden auf Facebook, den grenzenlos geschmacklosen Selbstdar-stellungen im Stundentakt und Videos auf Youtube und den Followern auf Twitter. Schwacher Trost. Ganz schwach. Geplänkel, weder Erotik noch Leidenschaft.

Zumindest aus Sicht derer, die in einer professionellen Umgebung etwas schaffen. Für die, die sich buchstäblich 'reinhängen, sich mit anderen reiben wollen, um einen Job zu tun oder um eine Idee zu realisieren. Oder, weil einfach dringend etwas gemacht und in Ordnung gebracht werden muss. Da sind Temperament und innere Überzeugung nimmermüde Treiber.

Und dann ist plötzlich Schluss. Das Objekt der Leidenschaft ist auf einmal außer jeder Reichweite. Man wird nicht mehr hinzugezogen, wird einfach nicht mehr gebraucht. Das tut weh. Beruflich engagierte Männer wie Frauen leiden gleichermaßen darunter. Wofür denn nun noch Leidenschaft entwickeln (und es gibt doch nichts, was mehr im Leben lohnt als Leidenschaft!)?

Das meiste ist doch nur schaler Ersatz und langweilige Beschäftigungstheorie. Leidenschaft pulsiert anders.

Leidenschaft - da bremst im reiferen Lebensalter schon der Körper. Gut kann ich mich noch an mein letztes Volleyballspiel erinnern: Ich bin richtig in Fahrt, habe schon ein paar Mal gepunktet, bekomme den Ball als Angreifer ideal gestellt, springe hoch, treffe den Ball genau richtig, schmettere ihn durch den Block in die gegnerische Hälfte, punkte schon wieder, lande ... und ein mörderischer Schmerz knallt von meinen Knien durch den ganzen Körper. Aus. Ich breche das Spiel ab, dusche, fahre nachhause. Das war's. Meine Knieknorpel wehren sich vehement. Sie sind für leidenschaftlich sportlichen Einsatz nicht mehr zu gebrauchen, sind unrettbar verschlissen.

Besonders professionell habe ich nicht gespielt. Viel zu spät mit Volleyball oder anderem angefangen. Aber dann mit Leidenschaft. Einige Male richtig im Flow: Alles scheint in Zeitlupe abzulaufen, ich weiß schon vorher, wo der Ball auftreffen wird, bin längst da, pariere, gebe ab, bekomme den Ball wieder, punkte, bin überhaupt nicht aus der Puste, laufe, springe, hechte, treffe ... Fantastisch!

Oder einmal, in einem anderen Verein beim Hallenfußball (ich war gleichzeitig in drei unterschiedlichen Sportvereinen, um wegen häufiger geschäftlicher Reisen wenigstens einmal in der Woche ein Training zu erwischen). Mein Sohn Benno, ein wirklich guter Sportler und mein Trainer damals, scheucht uns: Zum Warmmachen zwei Mannschaften von drei bis fünf (jungen) Frauen und Männern, heftiges Gerenne und Fußball-Gekicke hin und her in der Halle auf kleine Kästen, ich hoffnungslos hintendran (nicht nur mit Abstand der Älteste sondern kaum Fußball gespielt als Jugendlicher, erst ab 50 mit Benno ging's in der Halle damit los), und dann eine winzig kleine Chance: Benno, gegnerische Mannschaft, sprintet neben mir, bedrängt mich, will mir den Ball abluchsen und im allerletzten Moment spitzele ich den an seinem ausgestreckten Fuß vorbei ins Tor! Wahnsinn! Da rast der Puls, da pumpt Adrenalin und Seele brüllt Triumph!

Diese und einige andere Szenen werde ich nie vergessen. Mannschaftssport war meine Leidenschaft. Da konnte ich mich voll einsetzen, mich in die zugewiesene Position einfinden, kämpfen, zuspielen, annehmen, powern, täuschen, gewinnen, verlieren, Fehler machen, schimpfen, brüllen, lachen - schnell und direkt, im ständigen Augenblick-Kontakt mit den Mitspielern, fair aber ohne Political Correctness, spontan und ungefiltert, gemeinsam mit und in der Mannschaft gefangen und gleichzeitig aufgehoben ... leidenschaftlich eben. Das war's!

Wie viele Jahre ist das jetzt schon wieder her. Und wie habe ich nur ohne diesen Sport überhaupt ...

Nun mal langsam: Das ist doch Selbstmitleid und Jammern auf hohem Niveau. Was sollen da erst die wirklichen Spitzensportler sagen, die schon viel früher in ihrem Leben feststellen mussten, dass ihr Körper nachlässt und die bereits mit Ende zwanzig, allerspätestens aber mit

Ende dreißig den Jüngeren, Stärkeren, Schnelleren Platz machen mussten!

Der Vergleich hinkt. Ziemlich sogar: Mit Ende dreißig habe ich ja noch jede Menge Leben und Zukunft vor mir. Da habe ich doch unendlich viele Möglichkeiten, neue Leidenschaften zu entdecken auszukosten, mich ihnen voll hinzugeben.

Mit Mitte sechzig ist das einfach nicht mehr so. Sei es, dass der Körper nicht mehr so agil funktioniert und man eben doch spürbar langsamer wird. Sei es aber auch, dass sich die gemachten Lebenserfahrungen leise, zäh und hartnäckig wie ein Filter über neue, unvermutet doch noch aufbrechende Leidenschaften legen und sie ausbremsen, dämmen, in Watte packen.

Denn auch die Naivität ist ja längst weg. Das naive, kindliche Entzücken, das "Ah" und "Oh" über eine neue Situation, ein neues Erleben, eine Begeisterung über plötzliche wahrwerdende Träume oder aber auch die naive Unerfahrenheit, mit der man sich unbesonnen leidenschaftlich in eine Sache stürzt und dafür kämpft wie der tapfere Ritter, der die schöne und kluge Prinzessin vom fiesen Drachen befreien will (Prinz Eisenherz lässt grüßen) - längst den Realitäten und alltäglichen Kompromissen gewichen.

Schwierig. Zu viel schon erlebt, zu viele Fehler gemacht, zu viel danach wieder in mühsamem Einsatz reparieren müssen, zu viele Triumphe gefeiert, zu oft schon unvermutete Freuden und überraschendes Glück ausgekostet ... zu oft?

Stopp, ich spinne wohl! Das kann doch nicht sein. Das Leben hat doch noch etwas zu bieten. Ran an den Speck!

Doch erstens: Wo finde ich "meinen" Speck. Und zweitens: Wie mache ich mich da ran? - Leidenschaftlich wohlgemerkt!

Hmm.

Denkfalle. Diszipliniere dich:

1) Vom unvermuteten Glück hat man ja per definitionem vorher sowieso keine Ahnung.

2) Naivität zeichnet sich ja dadurch aus, dass man eben nicht alles weiß, sondern vielleicht ein wenig dumm, aber zuversichtlich (und meist fröhlich) in die Welt hineinspaziert.

3) Begeisterung kommt doch erst mit der tieferen Kenntnis und der Auseinandersetzung mit einer Sache oder einem Tun.

4) Leidenschaft muss sich entwickeln können.

Ja, klar, ich weiß schon viel, habe schon viel erlebt, bin deshalb vorsichtig und sicher auch langsamer und (vielleicht auch noch) skeptischer geworden. Unbestritten. Das heißt aber noch lange nicht, dass das schon alles wäre, dass es für mich keine neuen, begeisternden Wendungen mehr gäbe. Warum will ich denn plötzlich schlauer sein und zu wissen meinen sollen, woher ein neuer Drive kommen kann?

Es ist diese blöde Sollbruchstelle 65, die mich grübeln und vieles in Frage stellen lässt. Erlebnisse, Erfahrungen, Verluste und Wendungen, die sich eigentlich so oder so ständig im Leben jedes Menschen ereignen, über die ich bisher ja auch nicht nachgedacht oder die ich früher gar nicht hinterfragt habe. Aber jetzt eben ...

Diszipliniere Dich: Spreche dir nicht selbst die Neugier auf das Neue, Unbekannte ab! Übe Demut: Weiß nicht vorher schon, was da alles sein und wie es dich wo erwischen, was es bewirken und wie es ausgehen könnte!

Konzentriere dich: Mache einfach nur deinen Job. Tauche ein in die Aufträge deiner Kunden, schau in deine Gesprächsnotizen, finde den Zugang, vergleiche mit ähnlichen Fällen, konzentriere dich dann auf den individuellen Fall, erarbeite dafür einen konkreten Lösungsweg, bedenke und entwickle alternative Verfahren, spiele das alles noch

einmal gedanklich durch, achte auf Zeiten und biologische wie drama-
turgische Ermüdung, checke erneut ... und während ich das schreibe,
tauchen Bilder auf in meinem Kopf und spüre ich doch tatsächlich
wieder ... Leidenschaft!

Disziplin, innere Demut und Konzentration - alles anderes einfach mal
ausblenden. Dringend nötig! Und: Beim entfesselten, temperamentvollen, hitzigen Sport in der Mannschaft habe ich ja auch nicht über
alles Mögliche nachgedacht. Da war ich doch hoch konzentriert. Voll
im Hier und Jetzt. Ging ja gar nicht anders.

Blöde Sollbruchstelle 65!

Und noch ein letzter Gedanke dazu: Ich habe ja noch meine Arbeit, ich
bin ja gar nicht draußen aus der beruflichen Welt. Ist doch super! Und
möglicherweise gelingt es denen, die draußen sind, auch, ihre Sollbruchstelle mit Disziplin und Konzentration auf irgendetwas zu überbrücken - und wenn sie damit auch Leidenschaft zulassen und sich
dazu bekennen können, wär's das doch.

9) Justierung

Mehr als zwei Monate habe ich jetzt nicht mehr an diesem Manuskript geschrieben. Da kam per Mail ein Ostergruß von Ursula Widmann-Rapp, einer gut befreundeten Kollegin, mit der ich im Verband schon vor vielen Jahren einiges unternommen und später zusammen mit einem weiteren Kollegen eine kleine E-Learning-Firma gegründet hatte (viel zu früh und mit viel zu wenig Kapital ausgestattet - nach einem Jahr lösten wir die Firma wieder auf). Viele Wochen lang hatten wir keinen Kontakt mehr gehabt. Jetzt berichtete sie nur kurz über Entwicklungen bei ihr und fragte nach meinem Ergehen. Ich antwortete schnell - und mit furchtbar vielen Kommas und wenig Absätzen:

"Bei mir ist's wenig aufregend, ich laviere so durchs Leben. Glücklicherweise einigermaßen ausreichend und gute, interessante Auf-träge, unglücklicherweise vor 10 Tagen nur einen Teil meiner Theorie-Prüfung für den Sportküstenschifferschein (SKS) bestanden (habe bei einer Aufgabe mit Radar-Seitenpeilung im Navigationsteil buchstäblich nichts gepeilt), also nochmal die Navigationsprüfung Ende Mai, zudem habe ich dummerweise einen Italienisch-Kompaktkurs angefangen (was mich furchtbar nervt, weil man da wirklich und echt lernen muss), habe ein Buch 'Sollbruchstelle 65' (Arbeitstitel), meine Lebenssituation reflektierend, angefangen, von dem ich überhaupt noch nicht weiß, wie es enden wird oder was ich damit eigentlich sagen will, zaudere noch, ob ich wenigstens eines meiner knorpelgeschädigten Knie operieren lassen soll (hat mich bei einem zweiwöchigen Segeltörn in der Karibik Ende Februar heftig gepiesackt und im Stich gelassen), werde in den letzten beiden Juni-Wochen von Elba aus einen 300-Seemeilen-Törn machen mit einer am Ende hoffentlich auch in der Praxis bestandenen SKS-Prüfung (Silvia macht die letzte Woche in Elba gleichzeitig ein Yachttraining für Frauen - gut so!!), brauche noch viel mehr Aufträge, um dann mal selbst eine Yacht als Skipper in irgendeinem südlichen Meer chartern zu können, träume dabei von einem Angebot "Führungstraining an Bord", schinde mich zwischendurch möglichst regelmäßig im Fitnesscenter, um körperlich nicht völlig zu vergammeln, nehme dennoch ein wenig zu, denke manchmal auch, ob ich mir nicht das Gefühl einer gepflegten Langeweile erlauben darf - und schüttele mich heftig schon allein wegen dieses deprimierenden Gedankens.

Hast Du das alles gelesen? Wahnsinn. Also, wenn ich mir das alles selbst nochmal durchlese, komme ich mir selbst ein wenig wie ein ? ja was ? vor. Merkwürdig, eine doch etwas andere Lebensweise als bisher. Mal schau'n wie's weiter geht.

Naja, und jetzt kommt Ostern mit Scheißwetter, und ich habe kaum Lust, das eine oder andere für Kunden, für die SKS-Prüfung oder für Italienisch doch noch zu machen (müsste aber) ... Ach, jetzt weiß ich's: ich fühle mich wie in früheren Schülertagen mit Hausaufgaben-Nerve in den Feiertagen oder so - aber dann doch wieder nicht, doch etwas sehr abgeklärt inzwischen ... fast der reine Luxus ... merkwürdig ..."

Da habe ich ja viel geschrieben in diesem Mail. Ohne Punkte und Absätze. Doch meine Ursula ließ sich davon nicht beirren. Sie antwortete prompt: "Mach es, schreibe es!" Ja, ja ...

Und dann habe ich noch einmal mein eigenes Mail reflektiert: Laviere ich wirklich zur Zeit etwas begeisterungsarm durchs Leben? Eigentlich nicht. Dieses Mail war wieder einmal ganz im Duktus meiner immer noch anhaltenden skeptisch grüblerischen Sollbruchstelle-65-Stimmung geschrieben. Das gibt mir zu denken. Ich habe doch wirklich viel gemacht in den letzten Wochen, habe Schönes und Einzigartiges erlebt. Allein der Segeltörn im Februar in der Karibik! Dieses Klima, diese Inseln, diese Menschen, ihre Mentalität und ihre Musik, dieser Wind in den Segeln und der leise Druck der hohen Wellen am Ruder, die fliegenden Fische und die Riesenschildkröten, mit ihren Urzeitköpfe zum Luft holen auftauchend, die Pelikane und Fregattvögel mit ihren eleganten langen Schwingen in der Luft, die Freunde, das Zusammensein ... Es war doch wieder vom Allerfeinsten ... andere beneiden mich heftig darum.

Also schon irgendwie ein wenig schräg, wenn ich schreibe, dass ich mich durchs Leben "laviere". Ich muss eine neue Justierung vornehmen. Dringend!

Dazu folgendes Erlebnis: Eine Woche vorher hatte ich zwischen Terminen mit Kunden meine sehr betagten Eltern im Seniorenstift in Passau besucht, mein Vater wird im Sommer 95, meine Mutter demnächst 93. Ich erzählte von meinem Sportküstenschifferschein-Unterricht: Navigation (mit Gezeitenströmen in der deutschen Bucht), Bootstypen und -bau, Takelung, Seegeltechnik, allerlei Manöver, Sicherheit an Bord und Seenotmaßnahmen, Checklisten und Crew-Einweisung bei Yachtübernahme, Motorenkunde, Meteorologie, Recht, Leuchtfeuer, Licht- und Schallsignale, Umweltschutz - und dass ich dann letztlich an der Radar-Seitenpeilung gescheitert sei und einen Teil der Prüfung wiederholen müsse. Noch nie in meinem Leben, beteuerte ich, hätte ich so viel lernen müssen ... Was bei mir nicht viel heißen will, frozzelte amüsiert mein greiser Vater: Viel gelernt hätte ich ja wohl nie, nur immer ganz furchtbar darüber gestöhnt - und dann ja irgendwie doch alle Prüfungen bestanden.

Und dann kam's: "Du erlebst wohl gerade deinen dritten Frühling, so wie du da mit Begeisterung über deine Bootsfahrerei erzählst", meinte mein (wirklich sehr) alter Herr, mich aus Leguanaugen des hohen Alters freundlich spöttisch fixierend ...

Das saß. Also bin ich zumindest nach der Meinung meines (wirklich sehr) alten Herrn doch noch begeisterungsfähig? Wohl auch mit Leidenschaft? Nun habe ich in meiner Erwachsenenzeit nicht immer viel Wert auf die Einschätzung meine Vaters gelegt, das Leben meiner Eltern und meines ist grundverschieden. Aber wo er recht hat, hat er wohl recht: Diese ganze Seefahrerei und der Wassersport schlechthin faszinieren mich tatsächlich. Schon als Kind hatte ich Bootsfantasien und bastelte später meinen eigenen Söhnen nach eigenen Plänen Segelboote en miniature, die tatsächlich ganz schön Fahrt machten im Baggersee (und welch stille Vater- und Wassersportfreude, als sich dann zig Jahre später mein Sohn Felix bei einem Urlaubstreff am Lago Maggiore unser Faltboot auslieh, die Kinder uns überließ und mit seiner Frau flott und gekonnt lospaddelte mit Kurs auf die Borromäischen Inseln). Können Kindheitsträume doch noch zur Wirklichkeit werden? Schön wär's. Hallo Skepsis?!

Wie auch immer, ich muss mit dem Thema Sollbruchstelle 65 und damit auch mit mir weiter kommen. Justierung! Und was ich meiner Kollegin Ursula geschrieben habe, nämlich dass ich noch nicht weiß, wie dieses Buch enden wird, stimmt so inzwischen auch nicht mehr ganz. So allmählich schält sich doch ein brauchbares Finale, eine vernünftige Botschaft heraus. Aber noch sehr vage.

Karfreitag, ein Sonnentag statt dem angekündigten Scheißwetter. Silvia und ich nutzen ihn und wandern mit Kuchen und Thermoskannen-Kaffee im Rucksack durch den Wald und über die Weinberge im Rheingau. Rast an einer Bank über Hallgarten. Ein unendlich weiter Blick ins sanfte Rheinhessische Hügelland (Rheinland-Pfalz) hinüber, in der Ferne der Donnersberg, in Urzeiten ein Vulkan, in Vorzeiten eine große Siedlung der Kelten mit einem zehn Kilometer langen Schutzwall, heute mit Funkmast und Ausflugswirtschaft bestückt. Unten der Rhein mit seinen Inseln, Kribben (Buhnen) und noch kahlen Weidenbäumen darauf (ach, meine Motorbootfahrten im Sommer ...), ein paar Frachter ziehen auf dem Strom dahin und friedlich wie Spielzeuge kuscheln sich die Weindörfer ans Ufer. Güterzüge wie in der Modelleisenbahn gleiten geräuschlos weit unten vorbei. Ein Habichtpärchen in der Luft und einige wenige Spaziergänger und Wanderer paarweise auf den Weinbergwegen. Frieden. Stille. Weite. Bald Frühling, grüner Flaum im Gehölz schon zu ahnen.

Auf unserer kleinen Wanderung sprechen wir über dies und das.

Ich erzähle auch zum ersten Mal wieder über mein werdendes Buch. Ich schildere Silvia einzelne Passagen und teste mal ein paar Vorstöße auf ein mögliches Ende, ein Fazit, eine Botschaft - aber noch sei ich nicht so weit. Da fordert Silvia vehement Optimismus und Positives. Das müsse eine gute Wendung nehmen, nicht immer nur Negatives, Abschied und Verlustverarbeitung, echauffiert sie sich: "Was willst Du denn damit sagen?!" "Das es eben nicht so easy ist im Rentenalter, dass es da jede Menge Lebenslügen gibt, dass ..." Schweigen, Nachdenken. Sie: "Es muss doch eine positive Lösung geben!" "Ja", meine ich, "genau daran arbeite ich ja. Bin halt noch nicht so weit, dass ich eine zukunftsfähige Lösung wirklich stabil gefunden habe und erst einmal vor mir selbst vertreten kann." Das beruhigt. Und lässt weiteres Nachdenken zu, Assoziationen, Erfahrungen, Gegenwart.

Denn langsam wandeln sich Situationen. Oder die Sicht darauf.

Im Italienisch-Kompaktkurs bekamen wir neulich als Hausaufgabe, einen typischen Tag unseres Lebens zu erarbeiten und zu erzählen "lavorate e raccontate di una vostra giornata tipica" - entsprechend dem typischen Tag eines italienischen Angestellten, wie er im Lehrbuch beschrieben war.

Eine Herausforderung: Endlich konnte ich mit meinem typischen Tag mal zeigen, dass ich nicht der Rentner bin, für den sie mich im Kurs wohl alle halten. Also machte ich mich daran. Ich erarbeitete mit viel Fleiß und Wörterbuch, dass es bei mir als Selbständigem gar keinen typischen Arbeitstag gebe, dass ich oft unterwegs sei bei Kunden und dann in Hotels übernachte und dass ich, wenn ich zuhause bin, manchmal bis weit nach Mitternacht (dopo mezzanotte) an Kundenprojekten arbeite, an anderen Tagen aber auch schon mal um elf Uhr vormittags ins Fitnesscenter gehe oder einen Spaziergang mache. Je nachdem, was so anliegt.

Daneben getroffen: Guiseppa, unserer Lehrerin, gefiel es nicht. Ihr wäre lieber gewesen, ich hätte - wie die anderen - mit den Standardsätzen im Lehrbuch einen Standardtag beschrieben, und dann haute sie mir auch noch meine nelle, delle, dalle, alle, sulle, dagli, sugli und mehr um die Ohren, die ich immer noch nicht richtig setzen könnte. Urrrks - das kommt vom Hochmut: Mein mutiger Positionierungsversuch als Nicht-Rentner scheiterte kläglich an gewünschtem Standardlehrstoff und italienischer Grammatik. Das hat's nicht gebracht.

Doch spätestens seit diesem Ereignis ist es mir merkwürdigerweise zunehmend egal, ob mich die Menschen nun als Rentner einstufen oder nicht. Ändern kann ich's eh nicht. Und das ist auch ein Ergebnis. Ein befreiendes!

Ein weiteres Ergebnis dieser Hausaufgabe: Mit der Analyse eines typischen Tagesablaufs, kreativ verfremdet durch die Suche nach den richtigen Ausdrücken (und Grammatik!) im Italienischen, wurde mir deutlich, dass es mir eigentlich verdammt gut geht. Das "Lavieren durchs Leben" (siehe oben) ist - anders ausgedrückt - ein Leben mit bis dahin kaum gekannten Freiheitsgraden: Mit der Auszahlung meiner Lebensversicherungen und der Anschaffung einer Eigentumswohnung zusammen mit Silvia habe ich meine Fixkosten radikal reduziert. Der finanzielle Stress und damit der jahrelange Druck, immer wieder Aufträge akquirieren zu müssen, haben ganz erheblich nachgelassen. Das Ende meines intensiven ehrenamtlichen Engagements im Verband hat ebenfalls von heute auf morgen selbst gesetzte und manche spannungsgeladenen Verpflichtungen ersatzlos in sich zusammenfallen lassen. Und Gott sei Dank habe ich ja nach wie vor gute Kunden und Aufträge, die mich immer wieder neu fordern: Meine Standardseminare und Workshop-Abläufe von noch vor zwei Jahren muss ich immer wieder neu überarbeiten und anpassen, um die speziellen Bedürfnisse meiner Kunden richtig anzunehmen und dann in Ergebnisse, in spürbare Weiterentwicklungen in den Unternehmen der Kunden zu überführen.

Aber nicht mehr im gleichen, angestrengten Rhythmus wie noch vor einem Jahr. Mein Leben taktet heute anders: Vor meinen Pflichtaufgaben habe ich weit mehr Zeitvorlauf und -Freiheit, um mal dieses Projekt einzuschieben oder jenes - ganz nach Lust und Laune. Gut, Italienisch kommt dabei nicht so gut weg (nervt einfach, diese sture Lernerei), umso mehr aber konzentriere ich mich auf Arbeiten für meine Kunden. Und ziemlich fest in meinem Programm ist inzwischen auch der Gang zum Fitness-Center vorgesehen - eine sture Quälerei für mich (obwohl die Leute dort ganz o.k. sind und das Trainerteam sogar sehr kompetent und freundlich).

Ein Vergleich fällt mir ein: Früher, beim Skifahren, war es das höchste Vergnügen, das Gelände einer Buckelpiste elegant und effektiv für die richtigen Schwünge talwärts zu nutzen. Nicht eine möglichst gerade, schnelle Linie 'runterbrettern (o.k. - macht manchmal richtig Spaß: irre Geschwindigkeit!), sondern das Gelände, so wie es ist, sanft annehmen und mit Eleganz statt mit dosierter Kraft erobern.

Oder noch besser, Paddeln: Das Kräftegemenge von Strom, Wind und Wellen ideal auszunutzen, gerade den zum Manövrieren notwendigen Druck auf dem Steuerruder zu halten und mit den Wellen von entfernten Frachtern oder der Brandung zu surfen. Einzigartig: Zu spüren, wie sich das Esche-Gerippe unseres Klepper-Zweiers manchmal mit leisem Knarzen dem bewegten Wasser anzupassen versucht, wie man jede Welle ganzkörperlich erfährt, wie man sie genießen und nutzen kann. Das gilt natürlich umgekehrt auch - bei der Schinderei gegen die Strömung des Rheins, die man nur schafft, wenn man zwischen den quer zur Strömung angelegten Kribben das Kehrwasser nutzt und dann ein paar Minuten (aber mit voller Kraft, anders geht's nicht), am flussseitigen Ende der Kribbe gegen die dort dann natürlich besonders heftige Strömung ankämpft (und gewinnen muss, sonst wird's blöd), um dann wieder ins Kehrwasser Richtung Ufer einzuscheren und es wieder gemütlicher anzugehen. Naja, dann gibt's natürlich auch Paddeltouren über den See, wo man einfach ruhig und ausdauernd paddelt bis die Arme abfallen wollen und das Gesäß vom langen Sitzen deutliche Schmerzsignale sendet. Pause dann eben, Sitz verändert - und dabei wieder voll im Rhythmus von Wind und Wellen wiegen lassen, Seeluft und ein wenig auch den Duft von Silvia im Sitz vor mir mit vollen Zügen atmen, genießen. Herrlich!

Kann das überhaupt ein Vergleich mit meinem jetzigen Leben sein? Hin und wieder heftige Kraftanstrengungen, im Übrigen aber das, was kommt, möglichst elegant als Schwung für die nächste Welle, den nächsten Strom, den aufkommenden Wind nutzen? Ich vermute mal, so verkehrt ist das nicht. Und unmittelbarer als in einem altmodischen Klepper-Faltboot, im Esche-Gerippe und der strapazierfähigen Bootshaut drumherum, nicht einmal eine Armlänge über der Wasseroberfläche, kann man Flüsse und Seen, Wind, Wasser und Wellen nicht erleben. Nicht in einer Segelyacht und noch weniger im Motorboot.

Also das wäre ja eine feine Lebenshaltung - und echter Luxus: Nicht lavieren, sondern sich durchaus, wenn möglich, die Gegebenheiten der Natur ausnutzend ein wenig treiben lassen. Nicht den Kurs aus den Augen verlieren, aber durchaus mal Umwege nehmen, wenn sie mehr Vergnügen und Genuss, neue Sichten oder Ideen versprechen.

Ja, aber ...

Ja. (Punkt)

Der Vollständigkeit halber (mein Gott, warum muss ich immer so pingelig sein!), füge ich hinzu, dass sich die Auswahl unserer Paddelreviere inzwischen sehr beschränkt auf bereits bekannte und bewährte Routen, dass es am Ende einer Tour immer mühseliger wird, das schwer gewordene, trotz Spritzdecke mit Wasser vollgesogene Boot aus dem Wasser zu tragen. Und dass wir beim letzten Wohnungsumzug auf gemeinsamen Entschluss hin unsere Paddel-Neoprenanzüge entsorgt haben: Wir passten nicht mehr hinein. Der wahre Grund: Wir hatten auch keine Lust mehr, die Neoprenanzüge zu nutzen - etwa wie vor vielen Jahren - in kühlem Wetter und kalter Ostsee mit Zelt, Schlafsack, Lebensmitteln und Wasserflaschen im Boot mehrere Tage in der "dänischen Südsee" unterwegs zu sein (da ragte unser voll beladenes Faltboot gerade mal noch zwei Handbreit über die Wasseroberfläche hinaus). Das war mal schön. War ...

Alles in allem kann ich jedoch nicht ganz verleugnen, dass sich mittlerweile in meinem (unserem) Alltag trotz aller unterschiedlicher Jobs, Tätigkeiten und Unternehmungen seit meinem 65. Geburtstag eine gewisse, durchaus angenehme Routine eingenistet hat. Sollte ich mich tatsächlich an dieses Leben ohne (sportliche) Leidenschaft, Loyalitätsbeweisen und Reaktivierungs-träume gewöhnt haben? Das wäre ja schrecklich banal.

Nein, damit will ich mich jetzt noch nicht abfinden. Das ist sicherlich ganz angenehm, aber noch nicht stabil zukunftsfähig. Was passiert wirklich, welche Weichenstellungen gibt es noch, wie schaffe ich es, weiter aktiv zu sein, auch weiterhin etwas zu gestalten, mich anzustrengen, engagiert und erfolgreich etwas zu bewegen, meinen Kunden Nutzen zu stiften, Potenzial zu kreieren und zu aktivieren?

Denn die Alternative bleibt immer noch: Einfach ein netter, harmloser älterer Herr zu werden. Allerdings hätte ich da bei meinem Temperament auch noch genug mit mir und anderen zu schaffen. Und schlimm: Niemand würde anerkennen oder wahrhaben wollen, dass das für mich eine besondere Leistung und Anstrengung bedeuten würde ...

10) S-Kurven

Immer, wenn ich in meinem Mikrokosmos nicht so wirklich weiter weiß, greife ich zur Makroökonomik, zum großen Ganzen. Schließlich hatte ich 1972 bis 1976 in Kiel Volkswirtschaft (und Politologie und Soziologie) studiert. Zugegeben nur stellenweise mit Brillanz. Immerhin war ich damals schon als Redakteur bei einer Tageszeitung tätig, studierte mehr oder weniger nebenbei und den ganzen Mathe- und Statistikkram bewältigte ich nach mehreren Anläufen gerade eben so als notwendiges Übel. Doch fasziniert hat mich diese Wissenschaft schon. Oder wenigstens einige Teilaspekte daraus.

Vor allem das Thema Wachstum und Strukturwandel wurde für mich zu einem absoluten Credo. Ich sehe und höre heute noch den von mir sehr verehrten Professor Herbert Giersch, damals Direktor des Weltwirtschaftsinstituts, Mitglied und Gründer mehrerer hoch angesehener Gremien und Forschungseinrichtungen (Sachverständigenrat, Erfinder der "Konzertierten Aktion", Regierungsberater u.v.a.m.) wie er im vollbesetzten Audimax der Christian Albrecht Universität zu Kiel den schlichten Satz sagte: "Wachstum ist Strukturwandel, ohne Strukturwandel kein Wachstum." Und natürlich gilt das Ganze, typisch Giersch, auch mal minus Eins = x (-1). Wow!

Dieser unscheinbare, aber doch so wuchtige und rigoros folgerichtige Zusammenhang ist es, der mich damals aufgerüttelt und wach gemacht hat. Nur mit Strukturveränderungen ist Wachstum überhaupt möglich. Oder anders herum: Wenn ich Strukturen nicht verändere, wachse ich nicht. Oder: Wenn es Wachstum gibt, verändern sich Strukturen zwangsläufig. Oder: Auch im Prozess des Schrumpfens verändern sich Strukturen. Oder ... ach, diesen Satz kann man endlos hin und her schieben, er beschreibt nichts weniger als ein biologisches Phänomen, ein schlichtes Grundgesetz des Lebens. Wachstum, Reife und Vergehen, während sich gleichzeitig Strukturen wandeln, und biologische Arten, Produkte, Branchen, Regionen, Kulturen und

Denkmodelle, die einst die Wachstumstreiber waren, nun anderen, neuen weichen müssen. So einfach, so wahr. Und: Gewachsen oder geschrumpft (und damit verändert) werden wir alle. Ständig.

Das war hoch faszinierend. Bei Giersch besuchte ich in der ersten Hälfte der 70er Jahre Seminare über Umweltökonomie, in denen erstmals überhaupt Lösungen der Volkswirtschaft für die drohende Umweltproblematik erarbeitet wurden. In einer Seminararbeit über den "Zweiten Bericht an den Club of Rome" bekam ich bei ihm sogar die Note 1-2. Und umso mehr tut es mir bis heute leid, dass ich ihn dann mit meinem gerade-noch-ausreichend-Abschneiden in der Diplomprüfung wohl ziemlich enttäuscht haben musste.

Dieser Wachstum-Reife-Schrumpfen-Prozess bei gleichzeitigem Wandel der Strukturen ist auch Kennzeichen der Konjunkturzyklen. Dem kurzwelligen, mittelwelligen und langwelligen, wie dem über 40 bis 60 Jahre zu beobachtenden Kondratieff-Zyklus, der einen umfassenden Technologie-, Wirtschafts- und Gesellschaftswandel beschreibt. Im Niedergang des einen Zyklus ist der Keim für einen neuen Aufschwung schon vorhanden - aber mit anderen Strukturen, Technologien, Produkten, Branchen. Dabei wird der neue Aufschwung jedes Mal wieder von anderen Elementen getragen, als der alte. Eine heftige Herausforderung für ständige Erneuerung, für immer währendes Change Management (der Begriff ist vor rund einem Dutzend Jahren in der Trainerwelt in Mode gekommen, die Notwendigkeit dafür ist allerdings steinalt).

Die Zahlen eines solchen Zyklus in eine Grafik übertragen ergibt eine Kurve in Form eines etwas schräg liegenden und an den Enden etwas verkürzten S (S-Kurve). Auf der horizontalen Achse werden die Zeiteinheiten und auf der vertikalen wird der in dieser Zeit jeweils erarbeitete Output angegeben: Die (S-)-Kurve steigt dann pro Zeiteinheit zuerst langsam, dann schneller und schneller bis zu einem Scheitelpunkt in der Mitte des schräg liegenden S, wenn die Kurve kippt und beginnt, wieder in die andere Richtung zu laufen. Ab diesem Zeitpunkt werden die Ergebnisse pro Zeiteinheit immer weniger wachsen, bis sie am Ende, am höchsten Punkt des schräg liegenden S, mit negativ wachsenden Ergebnissen beginnen, immer mehr in die Schrumpf-Zone immer größerer Verluste zu rutschen.

Anfang der 90er Jahre bin ich diesen Zyklen und der S-Kurve wieder begegnet. Bei Fredmund Malik in seiner Management Summer School und anderen Seminaren im Malik Management Zentrum St. Gallen und gleichzeitig auch in Publikationen anderer Wissenschaftler und Managementlehrer. Das Phänomen dieser S-Kurve hat mich seither nur noch mehr gefesselt. Praktische Aufgabe für Unternehmen: Gerade dann, wenn die Wachstumskurve steil nach oben zeigt, Innovationen und Investitionen zu schaffen, um an diesem Punkt eine neue S-Kurve anzuflanschen, die dann, wenn die alte S-Kurve ihren Reifegrad erreicht hat und unweigerlich ihr Niedergang mit dem Abwärtsprozess beginnt, neues Wachstum tragen wird. Ergebnis im positiven Fall: Eine lang anhaltende Sequenz sich ständig aufeinander aufbauender S-Kurven, ein sich wandelndes, zukunftsfähiges Unternehmen.

Für mich sind diese Erkenntnisse und Herausforderungen bis heute der Dreh- und Angelpunkt meiner Beratungen bei Aufträgen zur Strategie- und Unternehmensentwicklung: Zu schaffen, dass in einem Unternehmen, das gerade heftig wächst und steigende Gewinne erzielt, genau in diesem Zeitpunkt kontrolliert Energie in neue, noch nicht erprobte und deshalb notwendigerweise auch riskante Produkte und Märkte investiert wird, um neue Wachstumsfelder zu entwickeln. Unternehmerische Konzentration im dynamischen und erfolgversprechenden operativen Geschäft sorgsam abziehen und einsetzen für Neues, das den Renditevorgaben noch nicht entspricht, aber Hoffnung bietet. Dann aber auch die (mit Gewinnanteilen vergüteten [!]) Führungskräfte und Mitarbeiter gedanklich neu orientieren oder von außen Experten und Mitarbeiter mit anderen beruflichen Fähigkeiten zuführen, ohne die gewachsenen Erfolgsstrukturen und -Kulturen zu gefährden und dennoch neues Denken und neue Prozesse zuzulassen … Extrem spannend, extrem schwierig - und umso größer meine Freude, wenn Unternehmer und Manager diese Notwendigkeit erkannt haben, und mich dann zu diesen Prozessen als externer Berater anfordern und ich mein Know-how einbringen kann. Ja, das ist es!

Allerdings, solche Aufträge sind selten. Und das Durchhaltevermögen aller Beteiligten wird in hektischen Tagesnotwendigkeiten der Unternehmen oft genug bis über die Toleranzschwelle hinaus gedehnt und reißt oder muss aufgrund aktueller betrieblicher (Gewinn)-Notwendigkeiten unterbrochen werden. - Nur gut, dass mein Tagesgeschäft auf eher operativen Führungs- und Vertriebstrainings basiert. Nur mit Strategie- und Unternehmensberatung könnte ich nicht auskommen.

Wie schwierig dieser ständige Innovations- und Erneuerungsprozess ist, zeigt die Entwicklung bei einem meiner Kunden, mit dem ich schon seit Jahren eng und gut zusammenarbeite. Er hat das S-Kurven-Modell längst verinnerlicht. Und er hat erlebt, wie es ist, wenn die Wirtschaft wie in der Finanzkrise 2008 zusammenbricht, Investoren weg bleiben und fast alles bis dahin in seinem Unternehmensbereich Aufgebaute von diesem Sog mitgerissen wird. Wieder unten anfangen. Stein auf Stein neuen Erfolg aufbauen.

Aber nicht mehr wie bisher. Da waren Strukturveränderungen notwendig. Die aus der handwerklichen Gründerhistorie stammenden kleinteiligen Produktionseinheiten konnten nicht mehr weit tragen. Die tradierte und als unantastbares Erfolgs-Credo des Gründers geschaffene, Struktur interner, weitgehend eigenständiger unternehmerischer Insellösungen war nicht mehr zukunftsfähig. Nur eine völlig andere, mehr arbeitsteilige, mehr industrielle Organisation schien geeignet, um in der veränderten Internetwelt überhaupt wahrgenommen zu werden und dann genau diese Internetwelt als wesentlichen Erfolgshebel zu nutzen. Ein Traditionsbruch. Ein in der Historie dieses insgesamt sehr erfolgreichen Familienunternehmens außerordentlich kühnes Unterfangen. Das erfordert bei jedem angestellten verantwortlichen Manager neben intellektueller Einsicht vor allem Mut und Stehvermögen gegenüber Unternehmensbeirat und Eigner.

Er hat's geschafft. Sein Unternehmensbereich ist inzwischen mit hoher Rendite wieder gewachsen. Kräftiger als je zuvor. Gleichzeitig weiß mein Kunde, dass er gerade jetzt, wo im Frühjahr 2015 die Investoren schon seit Monaten großzügig gestimmt sind und Börsenkurse ungeahnte Rekordhöhen erreichen, schleunigst eine neue S-Kurve entwickeln und ansetzen muss: völlig neue Produkte für eine neue Zielgruppe in neuen Märkten, die vielleicht erst künftig Wachstum bieten, die aber (noch) beileibe nicht den gebotenen wirtschaftlichen Rahmenbedingungen des Unternehmens (und seiner Eigner) entsprechen (können). Schwierig.

Hilft nichts: In einem Workshop mit der der obersten Führungscrew meines Auftraggebers machten wir Ende des vergangenen Jahres die Notwendigkeit einer im Sinne der S-Kurven-Entwicklung grundlegenden Diversifikation noch einmal deutlich. Ich bin mir nicht so sicher, ob diese Botschaft wirklich bei allen Führungskräfte im vollen Ausmaß und mit allen Konsequenzen angekommen ist - zu sehr sind sie dem dynamischen Tagesgeschäft und der bisherigen Erfolgsroutine verhaftet. Immerhin wurden Projekte für eine neue S-Kurve grob entwickelt, einige verworfen, andere aber mit klarem Pilotauftrag versehen. Über dafür infrage kommende Mitarbeiter haben mein Auftraggeber und ich vorsichtig diskutiert, Neueinstellungen nicht ausgeschlossen.

Stand heute: Für das wichtigste Innovations- und Diversifikations-Projekt steht der erste Check noch bevor. Ein eher flankierendes Projekt, hat sich als schwierig in der Umsetzung erwiesen und wurde in Priorität und Terminierung nach hinten geschoben. Bei einem anderen wichtigen Projekt gab's Probleme mit einem Spezial-Lieferanten, der bisher nicht ersetzt werden konnte und bei einem weiteren kenne ich den augenblicklichen Stand nicht.

Praxis pur. Bei meiner Nachfrage zu den strategischen Projekten winkt mein Kunde etwas verdrossen ab. Er berichtet von zwei noch zu lösenden Personalproblemen und der Schwangerschaft einer guten Mitarbeiterin, für die er kaum Ersatz findet. Der Beirat fordert vehement eine (linear wachsende) Zahlenentwicklung als Strategie für die nächsten drei Jahre. Dazu kosten ihn allerlei Nebenkriegsschauplätzen Zeit und Nerven. Immerhin: Noch sind die vereinbarten und übriggebliebenen strategischen Projekte nicht ganz gestorben. Aber im Fokus meines Kunden sind sie angesichts seiner aktuellen Nöte nicht.

In drei Wochen werde ich bei ihm einen Workshop zur Vorbereitung und Verabschiedung eines Marketingkonzepts moderieren. Und ja, richtig: Wenn das gelingt, dann ist zumindest dort die für eine neue S-Kurve notwendige Basis geschaffen. Ich bin zuversichtlich: Mein Auftraggeber und sein Team sind clever, offen und gut ausgebildet. Mit ein bisschen Entspannung und Abstand können sie eine neue S-Kurve aufbauen, ohne im operativen Geschäft nachzulassen. Sie müssen - denke ich.

Gleichzeitig zeigt sich wieder: Was akademisch-logisch auf der Hand liegt, funktioniert in der Praxis noch lange nicht.

Denn nur große Konzerne mit ausreichend Personal und signifikant spürbarer Marktposition können aufgrund der statistisch relevanten Datenvolumen überhaupt als wissenschaftlich fundierte Beispiele für die Forschung untersucht und daraus Thesen abgeleitet werden. Im wahren Leben von Managern und Führungskräften mittelständischer und kleiner Unternehmen geht es viel öfter ums direkte menschliche und betriebswirtschaftliche Überleben im Alltags-Struggle of Life. Da ist Beratung vor Ort gefragt und manche Improvisation oder mancher Umweg auf dem Weg zum Ziel notwendig. Die unterschiedliche Größe von Organisationen erfordert nun mal unterschiedliche Vorgehensweisen. Erkenntnisse, die in großen Organisationen wissenschaftlich gewonnen wurden, gehen in der proportionalen Übersetzung auf kleine einfach nicht auf, sondern stiften nur Frust. Und führen letztlich zum schlechten Image von Beratungsgesellschaften, die allenfalls ihre akademischem Konzepte im wahrsten Sinn des Wortes blendend verkaufen, ohne die wahre Not von Unternehmen, ihren Managern und Mitarbeitern, zu realisieren, geschweige denn alltagstaugliche Lösungen zur Abwehr zu finden. Nun ja, irgendwie geht's ja auch so. Mehr oder weniger.

S-Kurven: Nichts hat sich in deren Aussagekraft verändert, kaum gibt es dazu neue Erkenntnisse. Das wird mir gerade jetzt wieder deutlich, als ich das Buch "The End of Competitive Advantage" von Rita Gunther McGrath überfliege, einer in einer Fachzeitschrift hoch gepriesenen amerikanischen Professorin. Die strategischen Blindheiten und linearen Denkfehler, die sie unter Bezug auf das Global Business und das World Wide Web der Gegenwart mit zig Unternehmensbeispielen geißelt, kannten wir auch 40 Jahre vorher schon. Interessant allerdings ihre Beschreibungen von bewussten Rückzugsstrategien einiger großer Unternehmen, das ist tatsächlich in dieser Deutlichkeit neu und beachtenswert.

Das Grundprinzip allerdings ist nicht neu. Ja, haben die denn alle gepennt, frage ich mich, oder hatte ich nur das Glück exzellenten weltwirtschaftlichen Hochschulausbildung in Kiel ...?

S-Kurven: Schon früh in meiner Beraterlaufbahn habe ich mich gefragt, ob es so etwas auch in der Entwicklung einzelner Persönlichkeiten gibt. Unbestritten unter Soziologen und Psychologen sind ja zumindest Veränderungsprozesse und sich wandelnde Ziel- und Lebenseinstellungen in verschiedenen Lebensaltern. Klar soweit, damit kann man etwas anfangen.

Interessant ist nun aber die psychologische Verbindung zwischen den

Lebensaltern: Wie geht das, welche Sollbruchstellen tun sich auf, gibt es auch hier eine S-Kurven-Entwicklung, in der einzelne Zyklen aufeinander aufbauen mit welchen naturgegebenen strukturellen Veränderungen (und wie kann man die eigentlich identifizieren)?

Sie werden deutlich. Sehr früh schon war mir in Einzelberatungen aufgefallen, dass sich bei intensiver Befragung nach Lebensläufen vor allem über 40jähriger Frauen und Männer gewisse Grundmuster ihres Lebens abzeichnen. Die werden besonders deutlich, wenn sich - grob gesehen - alle sieben Jahre (mittellanger Konjunkturzyklus!) ein neuer Lebensabschnitt abzeichnet, neue Entscheidungen und neue Orientierung gefordert sind und danach das Leben in irgendeiner Weise anders verläuft. Damit hätten wir ja den in S-Kurven beobachteten Strukturwandel, der allerdings doch auf einer sehr individuellen, charakteristischen Grundstruktur aufsetzt. Diese bleibt als Basis und gibt den Menschen innere Stabilität für alles Weitere. Mein Job in diesen Beratungsgesprächen: Mit meinem Klienten diese ihre innere, stabile Grundstruktur herauszuarbeiten, um auf dieser Basis und mit den gemachten Erfahrungen die notwendigen beruflichen (und sogar persönlichen) Entscheidungen, Einstellungen und die damit einhergehenden veränderten Alltagsroutinen leichter und sicherer treffen zu können.

Das war schon mal gar nicht so verkehrt, dachte ich. Zumindest waren meine Klienten damit sehr zufrieden und packten ihren neuen Lebensabschnitt positiv und mit neuer Energie geladen an. Erfolgreich.

Das war sogar ziemlich richtig: Im Zuge meiner S-Kurven-Faszination stieß ich irgendwann auf Dr. Theodore Modis, einem international hoch renommierten Physiker, Wissenschaftler und Strategieberater mit einer eindrucksvollen Vita und Publikationsliste. Er gilt weltweit als der Experte für S-Kurven. Und er erlaubte sich dann in einem Vortrag als kleinen Gag die Behauptung "Mozart has to die at the age of 35" - Mozart musste mit 35 Jahren sterben. Aber nicht, so Modis -

weil ihm finstere Mächte Böses wollten oder er todkrank wurde, sondern einfach deshalb, weil die kumulierte Anzahl seiner Kompositionen im Zeitverlauf einer S-Kurve folgte, die mit 35 Jahren ihren Höhepunkt erreicht hatte. Eine irrwitzig wie geniale Herleitung. Auf so einen Zusammenhang muss man erst einmal kommen! Seine Folie mit Mozarts S-Kurve hüte ich wie einen kleinen Schatz.

Derart inspiriert testete ich Theodore Modis Vorgehensweise am Lebensweg meiner Mutter für einen kleinen Vortrag zu ihrem 85. Geburtstag. Natürlich nicht, um zu prognostizieren, dass sie mit XX Jahren "has to die" wie Mozart, sondern um zu demonstrieren, wie sich Lebenszyklen in grob gerechnet siebenjährigen S-Kurven abwechseln und letztlich aufeinander aufbauen. Dazu passte der Lebensweg meiner Mutter ideal: Erstens war er bis dahin schon ziemlich lang, bot also genügend Material, zweitens waren sie und mein Vater aus beruflichen Gründen oft umgezogen.

Das heißt, ich konnte Lebensabschnitte sehr einfach und plastisch an diesen Umzügen und jeweils neuen Lebensabschnitten festmachen. Und natürlich waren Kindheit und Jugend, Familiengründung und jeder Umzug, jede neue Stelle mehr oder weniger auch verbunden mit einer neuen Lebensausrichtung. Diese Lebenszyklen hörten aber mit dem klassischen Rentenalter nicht auf: Weitere Stationen folgten, und meine Mutter, ausgestattet mit einem unbändigen Drang zu vielerlei Engagement, fand auch in hohem Alter immer wieder neue Betätigungsfelder, um einen gewissen "Output" auf der vertikalen Achse des S-Kurven-Modells nachvollziehbar darstellen zu können. Heute, mit 93, lebt sie seit einigen Jahren im Seniorenstift. Auf der vertikalen Achse ist als Output zu vermerken: Begehrte Interviewpartnerin als Zeitzeugin für diverse TV-Dokumentationssendungen und Leiterin des Heimbeirats. Engagement ungebrochen.

Wie war das wirklich beim Übergang vom einen in den anderen S-

Kurven-Zyklus? Da kann man ja mal fragen. Neulich, bei meinem Besuch in Passau, wollte ich von meinen Eltern wissen, wie schwer oder wie leicht ihnen denn die vielen Wechsel in völlig unterschiedliche berufliche und regionale Bereiche oder Kulturen gefallen seien. Die Antworten hätte ich mir denken können: nicht viel darüber nachgedacht, mussten ja immer zusehen, wie es weiter ging, kam ja immer viel Neues, was gefordert und ausgefüllt hat ...

Ja, so ist es wohl gewesen.

Das Faszinierende an S-Kurven und der makroökonomischen Betrachtung ist ja, dass sich mit ein wenig Geschick im Umgang und in der Darstellung von Daten alles ganz easy und logisch darstellen lässt.

Zumindest aus der Ferne und in der Vergangenheit betrachtet.

Das Unbefriedigende daran ist jedoch, dass man mikroökonomisch und gegenwartsorientiert mittendrin steckt: Man kennt die Gesetzmäßigkeiten und erlebt sie vielleicht auch mit. Aber welche Richtung das Ganze wirklich nimmt, weiß man trotz aller Lebensplanungs-Weisheiten immer erst hinterher.

Eigentlich auch logisch. Sonst gäbe es den Zusammenhang zwischen Wachstum und Strukturveränderung ja nicht. Sonst wüste man ja schon, könnte vorbeugen und den Zyklus begradigen. Wie langweilig.

Ostermontags-Anruf vom Freund und Ex-Kollegen Hinnerick Bröskamp aus Köln, gleichaltrig: Wir bequatschen unser 65-sein und kommen zum Ergebnis, dass wir nicht gelernt haben (und deshalb nur schwer akzeptieren können), dass wir es uns jetzt einfach auch einmal in aller Gelassenheit gut gehen lassen können.

Naja, ich zumindest heute noch: Morgen muss ich mich dringend um die in den Feiertagen (Schüler-Hausaufgaben!) geschobenen Kundenprojekte kümmern, die fertig werden müssen, Mittwoch bin ich wieder zu einem Kunden unterwegs, Buchhaltung und Italienisch-Lernen lauern mehr als drohend ... Nix Gelassenheit, es geht gleich munter weiter. - Immerhin haben Hinnerick und ich mal ein Treffen zum Motorbootfahren auf dem Rhein verabredet ...

Hinnerick haben Silvia und ich im März 2015 bei seinem ersten Konzert der Reihe „Klangreisen" mit intuitiver, improvisierter Musik in der Kirche "St. Heinrich und Kunigund" (Köln-Nippes) besucht. Wunderbar! Eingeladen hatte er dazu angesehene Profi-Musiker aus verschiedenen Ländern. Er selbst improvisierte dabei mit seiner vollen, gut ausgebildeten Stimme, Gitarre und einer Shrutibox (Indien).

Nach einem späten Einstieg hatte Hinnerick sich im vergangenen Jahr entschieden, der Trainerwelt wieder ade zu sagen. Der Versuch, nach einer erfolgreichen Karriere als Medienproduzent eine zweite einigermaßen gut dotierte berufliche Karriere als Trainer zu starten, war zu mühsam gewesen. Und er muss ja nicht.

Jetzt widmet er sich voll und ganz seiner eigentlichen Leidenschaft, der Musik. Im Kölner Stadtteil Nippes, koordiniert er ehrenamtlich das Programm von *Klangraum-Kunigunde* mit Musikveranstaltungen von Alter bis neuer Musik, veranstaltet Meditations- und Improvisationsabende und spielt in verschiedenen Improvisationsensembles. „Nichts fürs Portemonnaie aber viel für Herz und Seele", sagt er. Recht hat er und hat da schnell Beachtliches auf die Beine gestellt.

Zum Abschluss dieses Kapitels über Wachstum und Strukturwandel kommt mir noch eine andere Geschichte in den Sinn. In diesen Tagen telefonierte ich auch mit Ursula Widmann-Rapp, der nur wenig jüngeren Kollegin aus Olching bei München, mit der ich ja gut befreundet bin. Sie arbeitet fieberhaft an ihrer neuen Website, und ist bös im Stress, weil da am Ende doch jedes Mal noch hundert Kleinigkeiten auftauchen und Zeit kosten, mit denen sie nicht gerechnet hat, die aber ihren Zeitplan strapazieren.

Warum denn der Fertigstellungstermin so dränge, frage ich. Sie berichtet, dass sie schon seit Längerem an einem ganz klaren, auch zeitlich definierten Programm von Online-Kursen und -Coaching über die Nachfolgeproblematik in Unternehmen arbeitet. Mit dem Nachfolgethema sammelt sie tatsächlich seit Jahren profunde Erfahrungen als Coach und Trainerin und hat sich da inzwischen auch einen Namen gemacht. Sie erzählt viel und begeistert - um mir dann eher nebenbei mitzuteilen, dass Präsenztrainings kaum noch bei ihr gebucht werden. Zudem empfände sie die Autofahrten zu Kunden allmählich als sehr ermüdend und zeitraubend.

Online-Seminare und -Coaching sind Zukunft, da ist sich Ursula ganz sicher. Und daran arbeitet sie jetzt. Ausgerechnet sie, die ich immer nur voller Engagement und Leidenschaft vor Seminar- und Kollegengruppen habe temperamentvoll agieren sehen ... jetzt nur noch hinter dem Schreibtisch vor Bildschirm und Tastatur, mit Kamera, Mikrofon und Kopfhörer? Hm.

Neue Technologie, neue Lebensumstände, neue Weiterbildungschancen und Lerngewohnheiten: Sie will da als Pionierin (!) ganz vorne mit dabei sein und Pioniergewinne einfahren. Ihr Berufsleben soll noch einmal mit einem ganz kräftigen Aufschwung gekrönt werden. - Strukturwandel und Wachstum ... Große Hoffnung. Ich drücke Ihr fest die Daumen.

Denn, und das bleibt mikroökonomisch das Problem bei der doch sehr makroökonomischen S-Kurven-Betrachtung: Man weiß ja nicht, welche S-Kurve die richtige ist - und an welcher Stelle man sich dort gerade befindet.

Hilft nichts. immerhin ist es besser, zu wissen, dass sich das Leben in S-Kurvenverläufen darstellen lässt - und dass sich dabei verschiedene S-Kurven im Zeitverlauf aneinander reihen - als im linearen Lebens-Denken zu verharren und buchstäblich trübsinnig zu werden. Denn im dunklen Tunnelblick einer linearen Beobachtung erkennt man Veränderungs-Chancen kaum. Im Licht einer S-Kurven-Betrachtung kann man dagegen Rückschläge, Misserfolge, Einbrüche und drohende Sackgassen als Indiz für einen Strukturwandel seines Lebens werten und nur so auch eine bereits irgendwo keimende neue S-Kurve wahrnehmen. Schwacher Trost. Immerhin: Trost! Und Hoffnung. Doch darum geht es ja: Hoffnung haben, bereit sein, eine neue Zukunft anzunehmen.

11) Generationen

Das passt jetzt hübsch zum S-Kurven-Thema des vorherigen Kapitels: In der Fachpresse verfolge ich gerade ganz aktuell und mit leisem Besserwisser-Grinsen, dass sich die so genannte "Generation Y" mit zunehmendem Alter und immer größerer Arbeitserfahrung auch nicht viel anders verhält als alle Generationen vor ihr. Den Verdacht hatte ich von Anfang an.

Aber jetzt erst einmal ganz von Anfang an: 1998 sorgte das Buch "Net Kids" für ein wenig Aufsehen. Geschrieben hatte es der kanadische Professor und Denkfabrik-Gründer Don Tapscott (geboren 1947), der sich darin mit dem Verhalten der im Internet-zeitalter Geborenen auseinandersetzte und dabei grundlegende Unterschiede zu allen vorangegangenen Generationen beobachtete. Tapscott forscht und publiziert über die Digitalisierung unserer Welt und ihre Folgen auf Wirtschaft und Gesellschaft. Eines seiner bekannteren Werke jüngeren Datums ist "Wikinomics" (2009)

In "Net Kids" sah ich erstmals eine Tabelle, in der Tapscott die lebenden Generationen von der Vorkriegsgeneration bis zu den "Net-Kids" definierte und ihnen zu bestimmten Einstellungen (Werte, Beruf/Familie, Medien, Lernen etc.) jeweils typische Verhaltensweisen zuordnete. Genial, praktisch, aufschlussreich und verständnisfördernd. Oft habe ich diese Tabelle und Weiterentwicklungen durch deutsche Autorinnen (Ursula Widmann-Rapp, Monika Rühl, Jutta Rump) bei eigenen Führungstrainings präsentiert. Das war spannend, erhellend, machte Sinn.

Aus den "Net-Kids" entwickelte sich in einer mittlerweile von vielen Autoren betriebenen weiteren Aufschlüsselung der Generationen schließlich die "Generation Y". Gemeint sind damit die nach 1980 Geborenen, die als erste Generation mit dem Internet aufgewachsen ist. Die machte neugierig - der Generation-Y-Hype begann.

Immer mehr wissenschaftliche und andere Vorträge und Workshops über die Generation Y, kamen auf den Markt: Wie sich die Angehörigen dieser Generation dank Internetwelt und -netzwerken selbst verstehen, was sie motiviert, welche Konsequenzen daraus für die künftige Gesellschaft erwachsen und wie sie Personalverantwortliche und Unternehmen verstehen sollten. Schließlich werden angesichts der demografischen Entwicklung Angehörige dieser Generation als künftige Mitarbeiter besonders umworben. - Eine prima Geschäftsidee, das Faszinosum Generation Y ein wenig aufzuplustern und Unternehmen und Personalern nun gegen gutes Geld zu übersetzen und beizubringen, wie völlig artfremd und anders diese im Internetzeitalter groß gewordene Generation doch sei und wie Führungskräfte deshalb dringend die gewohnte Arbeitswelt überprüfen und neu ausrichten müssten: Diese neue Generation Y habe ein ganz neues Verhältnis zu Arbeit und Freizeit, Familie und Beruf, Führung und Loyalität. Sie erkenne keine Autoritäten an, verabscheue klassische Meetings und Diskussionen, wolle stattdessen lieber gleich alles ausprobieren, gebe sich zeitlich und örtlich hoch flexibel, das Auto sei ihr egal (Bus, Bahn und Fahrrad sind "in"), sie sei ungeduldig und fordere gleichzeitig Wertschätzung und Respekt ...

Einige dieser Generation-Y-Protagonisten schreiben dieser Generation sogar einen großen evolutiven Sprung und eine völlig andere, tiefgreifende Verschaltung des neuronalen Netzwerks im Gehirn zu (noch heute höre ich meine Lieblings-Esoterikerin diese kühne Vermutung vehement als Tatsache auf einer Trainerversammlung verbreiten).

Mag ja alles sein. Doch lass' die Ypsiloner erst einmal älter werden, dachte ich.

Waren wir, als wir jung waren, denn wesentlich anders? Was haben doch die 68er für schöne Utopien eines in jeder Hinsicht freien Hippie- und Kommune-Lebens gesponnen, was haben sie alles vehement mit sozialistisch-marxistisch-leninistischer Begründung als autoritär abgelehnt (ich zähle mich, damals 19, gerade noch zu dieser Generation). Wie haben wir gegen Krieg, Konsumterror und Establishment agitiert und "traue keinem über dreißig!" skandiert. Diese Bewegung wurde in der bürgerlichen Gesellschaft als bedrohende Revolution gegen das bürgerliche System (war sie ja auch) misstrauisch und feindselig beäugt und bestmöglich auf Distanz gehalten.

Nun, das ist freilich bei der Generation Y nicht so. Die ist politisch (und auch sonst) ziemlich harmlos. Doch die Lebensmotive zeigen - folgt man den Generation-Y-Interpreten - in der gesellschaftlichen Abkapselung und in der Ablehnung des herrschenden Arbeitssystems und in der Suche nach eigenem, unabhängigem Freiraum, doch so einige, ganz grobe Parallelen.

Man stelle sich nur vor, jemand aus dem bürgerlichen Lager wäre damals auf die völlig abstruse Idee gekommen, Seminare und Schulungen in Soft-Skills anzubieten, wie man die 68er denn in die Arbeitswelt zu integrieren und wie man ihnen als Chef/in entgegen zu treten und sie zu verstehen habe. Völlig undenkbar. Das wäre ein schräger Zeitsprung-Film - surreal, grotesk, witzig - wäre ich im Filmbusiness, ich hätte nicht übel Lust, so ein Thema mal aufzugreifen: die Generation Y mit 68er Motiven überblendet (oder noch besser umgekehrt) ...

Beispielsweise Veranstaltungs-Ankündigungen wie diese: "Die 68er und die Unternehmensführung der Zukunft" oder "68er - was die Wirtschaft künftig anders machen muss". Das wären das damals (mit leicht anderem Wording) revolutionäre Parolen und antikapitalistische Aufrufe aus dem 68er-Lager selbst gewesen, die heimliche Alarmierung des Verfassungsschutzes auf jeden Fall inbegriffen.

Und heute? Ersetzen Sie einfach bei den oben genannten Titeln "Die 68er" durch "Die Generation Y" - und schon finden Sie im Internet entsprechende Einträge und Ankündigungen für aktuelle Veranstaltungen. Nicht aus dem Lager der Generation Y (denen dürfte das ziemlich egal sein), nein, natürlich nicht, sondern von mehr oder weniger deutlich Älteren, mehr oder weniger deutlich Etablierteren, die mit ihren Veranstaltungen die Welt erklären und damit Ruhm in der Trainer-/Coachingszene sowie gute Honorare bei verunsicherten Personalchefs und Führungskräften einheimsen wollen.

Das kann man doch nicht vergleichen! - höre ich jetzt die Entrüstung aller Getroffenen - das ist doch eine ganz andere Welt, damals gab es ja noch kein Internet und immerhin haben wir heute eine ganz andere demografische Entwicklung, wir müssen uns viel mehr um die nachwachsende Generation kümmern!

Na klar, denke ich böse: Die behütete Babyboomer-Generation bemerkt plötzlich irritiert und/oder mit geheimem Stolz, dass ihre erwachsen werdenden Kinder etwas andere Lebens-Vorstellungen als sie selbst haben (und kommerzialisiert das sogar ganz gekonnt). Andere Lebensvorstellungen einer nachrückenden Generation sind ja eigentlich nichts Neues. - Außer vielleicht für die Mamis und Papis aus der braven und angepassten Babyboomer-Generation, die aus meiner 68er Generationenbrille nie selbst einmal wirklich einen Aufstand gegen ihre Erzeuger ausprobiert, sondern sich bequem im nachrevolutionären, gemachten Nest ihrer Wirtschaftswunder-Eltern eingerichtet haben. Denn die meisten Anbieter von "Generation-Y"-Veranstaltungen und -Themen gehören - wie ich dank Google nach einem schnellen Blick über die entsprechenden Eintragungen im Internet wahrnehme - zur Babyboomer-Generation, finden sich im Personalwesen, in der Wissenschaft, im Training oder Coaching und sind überwiegend Frauen.

Nun gut. Geschäft ist Geschäft - und wenn sich mit Veranstaltungen über die "Generation Y" immer noch ein Geschäft machen und Nachfrage generieren lässt, ist das ja nicht verwerflich.

Ungünstig allerdings, wenn dabei die inhaltliche Legitimation allmählich schwindet. Der Y-Hype wird durch neue Erkenntnisse unterminiert. Aktuelle Forschungen kommen zum Ergebnis, dass die Angehörigen dieser Generation auch nicht viel anders ticken als frühere, wenn es nach Ausbildung und Studium erst einmal darum geht, die Existenz zu sichern. - Parallelen zu den 68ern, die diese mit dem Älterwerden notwendige Existenzaufbau- und sicherungsphase ganz geschickt tarnen und politisch offensiv begründen mit dem "Marsch durch die Institutionen" - um dann beamtete Lehrer zu werden ... Bemerkenswert: An der Spitze der gewünschten Arbeitgeber der Generation Y steht der öffentliche Dienst, gefolgt von mittelständischen Unternehmen, lese ich in einer Untersuchung. Wie bieder. Und einer anderen Forschungsarbeit entnehme ich im Wesentlichen, dass die Unterschiede zur vorangegangenen Generation eher gering sind - allerdings hätten die Ypsiloner eine ganz andere Nähe zum Lernen mit digitalen Medien, gehen deshalb ganz anders als Ältere damit um, nutzen alle Möglichkeiten dieser Medien und haben (deshalb, logisch) eine wachsende Risikobereitschaft bis hin zu Betrügereien ... [Quelle: ADG-Argumente, Generation Y - Anforderung an Personal- und Organisationsentwicklung, von Prof. Dr. Thorn Kring, ADG Business School an der Steinbeis-Hochschule Berlin (2013)]. - Das ist doch 'mal eine klare Aussage!

Selbstverständlich tickt jede Generation anders. Selbstverständlich hat jede Generation eigene Bilder aus ihrer Kinder- und Jugendzeit im Kopf, die sie dann womöglich ein Leben lang begleiten, selbstverständlich wird jede Generation von den in ihrer Kinder- und Jugendzeit herrschenden gesellschaftlichen, technischen und medialen Einflüssen, Moden und Lehren geprägt. Und - auch selbstverständlich - ist es dann schwierig, vermittelnde Bilder, Beispiele, Metaphern (Kommunikation) zwischen Generationen zu aufzubauen.

Das musste auch ich erst einmal lernen. Anfangs, vor vielen, vielen Jahren, habe ich in meinen Führungsseminaren ganz gern Bilder und Beispiele aus der klassischen, mehrere frühere Generationen übergreifenden Jugend-Abenteuerromanen eingebracht, um Inhalte ein wenig spannender zu machen und buchstäblich zu illustrieren, aus "Lederstrumpf" und "Winnetou" beispielsweise, - und wunderte mich, dass bald kaum noch jemand darauf reagierte, ich damit niemand mehr erreichte. "Kennen die nicht mehr", das war meine staunende Erkenntnis, "die sind mit 'Benjamin Blümchen' groß geworden oder mit 'Jim Knopf und Lukas der Lokomotivführer' - nix mehr mit Heldentod und Marterpfahl ... " (Dann aber kamen mit "Krieg der Sterne" und "Herr der Ringe" doch wieder weltweit neue, epische Abenteuer mit Helden, Tod und Liebe - tröstlich). Ab Jahrgang 1958 jedenfalls - so meine wissenschaftlich nicht fundierte Beobachtung bei Seminarteilnehmern - haben die Jungs kaum noch Indianerromane gelesen. Also warf ich diese Beispiele etwas beschämt und traurig in meinen mentalen Mülltrennungs-Papierkorb. Bald darauf musste ich aber auch Vergleiche mit Führungstechniken bei der Bundeswehr sein lassen, immer weniger Teilnehmer waren "beim Bund" gewesen. Hinweise auf Gleichnisse in der Bibel habe ich etwa zur gleichen Zeit aufgegeben. Sogar, allmählich wird's eng, aktive Erfahrungen aus dem Mannschaftssport, etwa Fußball, können immer weniger meiner Seminarteilnehmer teilen und nachvollziehen.

Hm, was tun? Welche Bilder, Erlebnisse, Erfahrungen helfen, plastisch Inhalte vermitteln? Immer mehr muss ich im Seminar mit Metaphern improvisieren, wenn ich bei Kommunikations- und Führungsthemen Zusammenhänge zwischen Denken, Einstellung, Körper, Reflexe und Routinen verdeutlichen will.

Aber gut: Je mehr ich auf Beispiele und Erfahrungen aus meiner Welt verzichte und die Teilnehmenden dafür um eigene Beispiele bitte - und auch erklären lasse, wenn ich ihnen nicht ganz folgen kann (etwa bei Youtube-Gimmicks) -, desto besser verstehen wir uns. So gibt es (deshalb?) auch mit Teilnehmenden der Generation Y kein Fremdeln. Die finden es sogar schon wieder cool und authentisch, höre ich hin und wieder zu meiner leisen und beglückenden Überraschung, wenn ich Ihnen als Senior mit Krawatte, in Anzug mit Weste (was für ein 68er Feindbild!) etwas über Führung beibringen will. Nun, Hauptsache, meine Botschaften und Techniken kommen am Ende an und bewirken etwas. Und das tun sie.

Nach wie vor. Offensichtlich verkörpere ich dank Auftreten und Alter einen Typ, dem man einerseits genügend Abstand vom Tagesgeschäft und der Attitüde der eigenen Vorgesetzten unterstellt, dem man aber gleichzeitig die notwendige Erfahrung und Lebensklugheit abnimmt, um davon als deutlich jüngere Führungskraft ungefährdet zu profitieren, sich beraten zu lassen und zu lernen. Dafür bin ich dankbar.

Denn selbstverständlich ist das nicht. Ich bin unbestritten jetzt schon sehr seniorig - wie war das in meiner Adoleszenz: "Traue keinem über 30"! Nun gut, die damals Über-30-Jährigen waren noch im Hitler-Deutschland geboren und aufgewachsen. Ein grundsätzliches Misstrauen war angesichts der damals jüngsten, finsteren Vergangenheit und der Hoffnungen der aufrührerischen 68er auf neue Werte, Utopien, Gesellschaft und Kultur berechtigt. Wie auch immer: Selten war der Ablöseprozess der Generationen so heftig wie damals. Doch heftige Vorgänger-Ablösungen (bei höherrangigen Führungskräften gern schon mal ein Dutzend Jahre vor der üblichen Sollbruchstelle 65!) gibt es nach wie vor. Die im Kapitel "Ausgestoßen" beschriebenen Beispiele zeugen davon.

Wir vergessen zu gern, dass wir in der Basis unseres Seins nun mal Säugetiere sind.

Unter einigen Arten kommt es da in bestimmten Situationen schon mal zu einem gezielten Kindermord: Da tötet der neue Boss die Nachkommen des besiegten Vorgängers, um auf keinen Fall dessen Brut überleben zu lassen und stattdessen den eigenen Samen so weit und breit wie möglich zu verbreiten und eigenen Nachwuchs zu zeugen ... Typisch Mann! Ja und nein: Ich habe gelesen, dass die Weibchen da durchaus mitmachen - vielleicht, um beim neuen Chef zu punkten - man weiß es nicht.

Wie auch immer. So bestialisch, so menschlich: Da hat doch der olle König Herodes alle zweijährigen Kinder in Betlehem töten lassen, in der Hoffnung, auch Jesus, den vorausgesagten künftigen Herrscher der Juden, zu eliminieren. Hat nicht geklappt. Noch heftiger agierte der antike Fürst Ödipus. Der hat sogar seinen eigenen Sohn töten lassen wollen, um damit seinen Nachfolger bei Frau und im Reich zu verhindern (dabei hat er sich allerdings glücklicherweise verkalkuliert, sonst könnten wir heute leider nicht über den berühmten Ödipus-Komplex reden).

Das Ausrotten der besiegten (männlichen) Gegner, der drohenden Nachfolger oder aber auch der Vorgänger (zumindest aber deren totale Neutralisation) ist wahrlich nichts Neues in unserer Menschengeschichte, in unseren Genen.

Dunkle, finstere Vergangenheit? Ich befürchte nein. Was erleben wir denn heute: Fanatiker der IS, die uralte menschliche Kultur-Zeugnisse zerstören, die Taliban, die vor einigen Jahren Jahr-hunderte alte Buddha-Statuen sprengten, die Kulturrevolution Mao Zedongs in China von 1966-76, die Säkularisation zur Zeit Napoleons und vorher, das Fällen heiliger Eichen und anderer Kultstätten bei der Christianisierung "heidnischer" germanischer Stämme ... Denn je schwieriger es geworden ist, alle Nachkommen eines unterworfenen Stammes zu massakrieren (möglicherweise versuchen das einige Ethnien im Orient und in Afrika aber immer noch), um so mehr kann man sich zumindest an deren Kultur schadlos halten, sie zerstören und damit ersatzweise das mindestens Zweitheiligste im menschlichen Zusammenleben, die Kultur und ihre Zeugnisse, ausmerzen. Um darauf natürlich die eigene Ideologie und Kultur aufzupflanzen.

Selbstverständlich liegt einem Kulturwandel nicht immer ein kriegerischer Akt zugrunde. Sondern meist nur ein Generationenwechsel.

Nur? Das ist ein wenig schwach: Es scheint fast ein Naturgesetz, dass sich jede Generation eine eigene Kultur schafft, die die vorherige und ihre Zeitgenossen mindestens altbacken, überladen und unmodern erscheinen oder sie besser gleich ganz in Bedeutungslosigkeit und Vergessen verschwinden lässt.

Ja, jede Generation braucht ihre eigene Welt. Ob in der Gesellschaft oder im Unternehmen. Denn nur so kann sie ihre evolutive Daseinsberechtigung untermauern und sich von früheren abgrenzen: Jetzt haben wir (unsere Generation!) das Sagen!

Gleichzeitig werden alle, die nicht zu dieser Generation gehören, aufs "Nicht-mehr-relevant"-Abstellgleis der Geschichte geschoben. Oft beobachtete ich, wie beispielsweise jüngere Menschen polarisieren: Für sie gibt es nur Internetaffine und -Nichtaffine. Wenn ich so manche Texte las oder Aussprüche hörte, erschien es mir fast, als würde hier mit aller verbaler Gewalt künstlich eine Generationenmauer hochgezogen und die Möglichkeiten des Internet ständig gegen alle nur denkbaren eingebildeten Feinde verteidigt - völlig überflüssigerweise. Was musste ich mir da bei Kunden, aber fast noch mehr im Trainer-Kollegenkreis, www-Grundsätzliches von übereifrigen, altklugen Internet-Protagonisten alles anhören, wie wurde ich beschallt mit möglichst vielen Begriffen aus der Internetwelt (und damit insgeheim für doof oder entsetzlich rückständig gehalten).

Mit welchem fast religiösen und nicht zu bremsenden Missionszorn agierten die Freaks - Bekehrungseifer, wo es doch längst nichts mehr zu bekehren galt. Denn mit den Möglichkeiten und Auswirkungen des Internets habe ich mich schon befasst, als diese Freaks noch zur Schule gingen. Schon merkwürdig. Was haben die denn?

Nun ja, sie haben nichts anderes als den üblichen Drang zur Generationen-Positionierung. Da erübrigt sich alles Weitere, ich akzeptiere meine Fremdbestimmung als einer von vorgestern, sonst wird's ein endloses Aneinander vorbei reden.

Abgrenzungen im Glauben waren noch nie diskutabel.

So bin ich mir auch nicht sicher, ob es zwischen den Generationen auf Basis der unterschiedlichen Prägungen wirklich zu einem tieferen Verständnis kommen kann. Ich kann nicht beurteilen, ob das, was ich weiter vorn über die Befindlichkeiten und Umstände der 68er versus der Generation Y geschrieben habe, bei Ihnen, wenn Sie gerade nicht zu den 68ern gehören, wirklich in seiner ganzen Abstrusität und gleichzeitigen Parallelität angekommen ist. Immerhin habe ich ja auch schon in meinen Seminaren darauf verzichtet, Figuren oder Geschichten aus den Abenteuerromanen meiner Kindheit als Beispiele anzuführen. Einige Inhalte und Sichtweisen sind einfach nicht weiter vermittelbar, gehen mit dem Verdrängen und dem schließlichen Hinscheiden einer Generation einfach verloren, will niemand mehr wissen, passt nicht mehr in die Zeit, hat keinen Wert mehr. Vorbei.

Der Versuch, dieses Vergessen aufzuhalten oder doch noch irgendwie in den nachfolgenden Generationen zu verankern, wird ja immerhin unternommen: Mit Dokumentarfilmen und endlosen Interviews hoch betagter Zeitzeugen der Hitler- und Weltkriegszeit, mit Stolpersteinen auf Gehwegen dort, wo einst jüdische Mitbürger wohnten, mit Monumenten, Stelen, Gedenktagen inklusive feierlicher Kranzniederlegung von Staatsvertretern.

Anderer Ort, andere Zeit, anderer Stil: Neulich war ich mit Frau, Sohn und Enkeln wieder einmal beim Niederwalddenkmal über Rüdesheim - eines von mehreren, über ganz Deutschland verstreuten imposanten Monumentalbauten der Kaiserzeit. Das Niederwalddenkmal mit seiner knapp 13 Meter hohen "Germania" steht weithin sichtbar, oben auf einer bewaldeten Kuppe über den Weinbergen, ist insgesamt mehr als 38 Meter hoch und hat ein Gewicht von 75 Tonnen. Und was zeigt es: Zu Füßen der "Germania" heldenhafte Soldaten des Kaiserreichs und Namen französischer Städte, in denen sie gekämpft und wohl auch gesiegt haben (ein Europa-Pokal unserer Tage ist handlicher, kommt mir da wenig ehrfurchtsvoll in den Sinn!). Offiziell erinnert das Denkmal an die Gründung des deutschen Kaiserreichs nach dem deutsch-französischen Krieg 1870/71, wurde nach sechsjähriger Bauzeit 1883 fertig und ist heute Teil des UNESCO-Welterbes Oberes Mittelrheintal. - Also da steht man nun davor, schaut weit in das sich östlich öffnende Rheintal und unten auf den breit zwischen mehreren Inseln fließenden Rhein, weicht den zahllosen Touristen um sich herum irgendwie aus - und denkt sich seinen Teil: Können wir heute auch nur im Ansatz nachempfinden, worum es damals eigentlich ging? Haben wir auch nur eine blasse Ahnung vom Leben, von der Plackerei, vom Hurra-Patriotismus, dem Glück und Unglück oder dem inneren Antrieb jener Menschen damals? Schwierig. Da müsste man schon sehr viel wissen, gesehen und gelesen haben.

Parallelen muss es jedoch gegeben haben. Mit Sicherheit wollten auch damals junge Männer aus der Enge ihrer Dörfer, Städte und der allgemeinen Moral ausbrechen und die Welt erobern (und dafür ehrenvollen Heldentod sterben), mussten aber, wenn sie dem Heldentod entkommen sind, erst stolz, dann ernüchtert als Väter für die Familie buckeln und wussten spätestens ab Mitte 30 in etwa, wie ihr Leben die nächsten 20 Jahre weiter verlaufen würde. Die Frauen wussten es allerdings meist schon wesentlich früher - nämlich dann, wenn sie ihre Männer gefunden und gebunden hatten.

Das liest sich jetzt vielleicht allzu banal und platt. Doch so viel hat sich im Lebensrhythmus der Menschen nicht geändert. Auch wenn das Leben von Frauen heute anders und vielfältiger verläuft und die Lebensform Familie bunter, patchworkiger geworden ist. Noch immer und auch weiterhin unterliegen wir jedoch dem biologisch und evolutionär logischen Rhythmus. Das habe ich in meinem Buch "Frauen - Männer - Management" schon vor vielen Jahren am Beispiel eines hoffnungsvollen jungen Mannes namens Christian über alle seine Karrierestufen und Lebensetappen hinweg ausführlich geschildert.

Deswegen vorn mein Besserwisser-Grinsen angesichts neuer (vorhersehbarer) Erkenntnisse über die Generation Y: Auch sie unterliegen der S-Kurve des Lebens, werden erwachsen und verändern Einstellungen, Perspektiven und Verhalten, diktiert von den alltäglichen Notwendigkeiten.

Gleichzeitig hat jede Generation ihre eigene Prägung, die sie insgeheim für sich verteidigt und abschottet. Eine Kultur, die im tieferen Verständnis eine natürliche Kluft zwischen den Generationen bestehen lässt und die nicht zu überbrücken ist - zumindest aus meiner 68er Erfahrung und meiner Männer-Perspektive. Vielleicht haben da andere Generationen und da wiederum vor allem Frauen (die besorgten/stolzen Mütter der Generation Y !) ein ganz anderes Verständnis, hegen eine andere Hoffnung, unterliegen sogar sanftem Selbstbetrug. Anders ist für mich der Generation-Y-Hype nicht erklärlich. Mir kommt er - den geschäftlichen Zweck einmal beiseitegelassen - inzwischen vor wie eine billige, respektlose Anbiederei einer Generation in der nahen Endphase ihres Reifezyklus gegenüber jungen Menschen mit Zukunft. Na, bald dürfte es damit so oder so vorbei sein.

Ja, und was mache ich denn jetzt? Nichts anderes als das, was ich schon seit einigen Jahren mache: den Unterschied zwischen den Generationen biologisch, aber auch kulturell akzeptieren und respektieren und mich in meiner Arbeit ganz auf die ewig-archaischen Gesetze der Führung, Kommunikation und Strategie konzentrieren. Denn da hat sich seit Menschengedenken im Kern nichts geändert. Natürlich war in früheren Zeiten die Eskalationsleiter bei Sanktionen wegen Illoyalität oder groben Fehlern kurz, schnell, brutal und final. Natürlich haben wir heute zig Reglements, dazu das feine Gespinst der Political Correctness, und kommunizieren weltweit mit allen Errungenschaften der digitalen Technologie. Das macht alles vielleicht schwieriger.

Dennoch: Ich möchte in keiner anderen Welt und in keiner anderen Zeit leben. Und die uralten Führungstugenden wie Vorbildlichkeit,

Fairness, Fürsorge, Vorangehen, Durchsetzungskraft und Mut gelten immer noch. Vermutlich auch weiterhin. Generationsübergreifend.

Solange ich also nicht (mehr) der Versuchung erliege, meine Erfahrungen und Prägungen als bekannt vorauszusetzen, sondern bei der Vermittlung von Führungsfähigkeiten in einen Dialog mit meinen Teilnehmenden einsteige, hinhöre und Prozesse nach den sich jeweils bietenden Chancen zielorientiert moderiere statt streng nach Fahrplan durchzuführen, sehe ich hier vorerst noch keine Gefahr, an meiner Sollbruchstelle 65 zu scheitern. Mal sehen. Und wenn es meine Auftraggeber und Teilnehmer ebenso sehen, kann ich das Generationen-Kapitel ja nun beruhigt abhaken.

Und dann hörte ich doch neulich von einer Workshop-Teilnehmerin (34) eine Bemerkung über jüngere Kollegen: "Die gehören ja zu einer ganz anderen Generation, die ticken doch ganz anders ..." Na denn, wenn in diesem Mikrokosmos schon Generationsunterschiede beobachtet und bemerkt werden, dann sind weitere, schwerwiegende Generationsgedanken meinerseits wohl obsolet ...

12) Zeit

Seit einigen Minuten keine Baustellen mehr und kaum noch Verkehr auf der Autobahn. Selten. Ein sonniger Werktag nach Ostern in der fast noch kahlen Natur des kommenden Frühlings. Erste Insekten klatschen gegen die Windschutzscheibe, Landschaft saust vorbei. Herrlich! Ich habe noch reichlich Zeitreserven. Also später auf der letzten Raststätte vor dem Ziel etwas abseits einen doppelten Espresso trinken und dabei eine kleine Pfeife rauchen: Wie liebe ich solche Fahrten zu entfernten Kunden!

Und wie schätze ich mein Auto, das mich ruhig, sicher und schnell voranbringt. Fahrtwind rauscht. Den Motor dagegen hört man kaum. Die Reifen surren nur so auf dem Asphalt der A7, die sich jetzt in ganz sanften Kurven den Ausläufern des Steigerwald anpasst. Rothenburg ob der Tauber ist schon ausgeschildert. Später kreuzt die A6. Ab da wird's dann sicher wieder dichter mit dem Verkehr.

Ein Blick auf den Tacho. Irgendwo deutlich über 200. Dabei wollte ich doch eigentlich ... Egal, lass laufen!

Ja, lass' laufen. Tempo! Wie schön, wenn es mal geht. Und wie schön, dass ich das heute genießen und mir leisten kann.

Dabei wollte ich doch eigentlich ... Ja, wollte ich. Den Abstandsregeltempomat DistronicPlus habe ich vor ein paar Minuten schon ausgestellt, 170 km/h hatte ich bis dahin eingegeben: Vorher, im dichten Verkehr der A3, ließ ich mich von den vorausfahrenden Fahrzeugen im einfach mitziehen - im sicheren Abstand dank Radar und Elektronik meines Systems. Diese 170 km/h wollte ich doch eigentlich ... beibehalten ...? Ich hab's ja nicht eilig, muss ja wirklich nicht rasen ...

Und doch. Selbst wenn ich meine schnelle, freie Fahrt jetzt nicht unbedingt als Rasen, sondern eher als - entspanntes Laufenlassen - bezeichnen würde, ertappe ich mich immer wieder dabei, dass ich den guten Vorsatz, die Langsamkeit entdecken zu wollen, ganz schnell irgendwo zurücklasse. Schnell und weit zurück.

Dabei bin ich - spätestens seit ich ein Auto mit diesem obergenialen radargesteuerte DistronicPlus habe - deutlich ruhiger auf der Straße geworden. Früher drängelte ich schon mal, wollte ich unbedingt weiter kommen, das Knäuel sich gegenseitig ausbremsender Gemütsmenschen im Blech überholen und abschütteln, bin ich schier wahnsinnig geworden bei einigen Langweilern auf der linken oder gar, wenn rechts alles frei war, auf der mittleren Spur (ausrasten könnte ich da!). Früher? Ja, manchmal, aber nur sehr manchmal, packt's mich auch heute noch, und ich setze alles daran, mich in einer deutlich sichtbaren Blechansammlung vor mir auf der Autobahn nun hart an der Grenze der verkehrsrechtlichen Legalität nach vorn vorzuarbeiten und - zu entkommen. Bis zum nächsten Pulk von Blech.

Glücklicherweise und dank der coolen Technik in meinem Wagen, wegen des dichteren Verkehrs (der das nach-vorn-Durcharbeiten-und-dann-abhauen immer weniger lohnt) und vielleicht auch, weil ich aufgrund dieser Faktoren gezwungenermaßen doch noch lernfähig bin, werde ich wirklich nur noch sehr manchmal sehr ungeduldig in meinem Auto.

Und außerhalb, ohne Abstandsregeltempomat? Da bin ich wohl vielleicht noch ungeduldiger geworden in den letzten Monaten (und vielleicht sogar Jahren). Es geht mir viel zu oft alles zu langsam, über irgendeinen Kleinkram rege ich mich mehr auf als früher, kostet alles Zeit, Zeit, Zeit ...

Moment mal, das hatte ich doch schon geschrieben: Da war vorn im Buch eine Stelle, wo sich meine Frau über mein "keine Zeit haben" mokierte, und davor noch schrieb ich über die Kassiererin im Supermarkt, die mit der Bemerkung über die Rentner, die keine Zeit haben, einen echten Gemütstreffer bei mir gelandet hatte.

Supermarkt, Stadtgänge ... Da fällt mir auf, dass viele Passanten m/w etwa in meinem Alter (und älter) eher teilnahmslos vor sich hin trotten und grantig und verbissen aus ihren Alltagsklamotten schauen. Missmut- und Ärger-Falten scheinen fest in ihre Gesichtszüge eingemeißelt. Verärgerung, weil auch ihnen alles zu langsam geht - oder zu schnell, mittlerweile viel zu schnell an ihnen vorbei? In einigen noch sehr viel älteren Gesichtern meine ich dann sogar Hilflosigkeit und den Schrecken oder die Angst eines "Nicht-mehr-begreifen-könnens" zu lesen. Welche Lebenserfahrungen spiegeln sich da! Wie werde ich wohl einmal aussehen? Konkret: Was drückt denn meine Alltags-Mimik und -Körpersprache in einer Fußgängerzone heute schon aus?

Hoffentlich nicht auch Missmut und Ärger. Allerdings gehe ich ziemlich schnell, hab's meistens irgendwie eilig und spüre inneren Unmut, wenn Passanten gemütlich nebeneinander schlendern und schwätzend meinen Weg auf dem Bürgersteig blockieren. Nur beim 17-Minuten-Nachhauseweg nach der Schinderei im Fitnesscenter bin ich langsamer, schleppe ich mich ausgepowert die ganz leichte Steigung unserer Wohnung entgegen und bin fast froh über jede rote Fußgängerampel, die mich anhalten und ein wenig pausieren lässt.

Das ist jetzt zwar ehrlich, aber nicht besonders sympathisch, was ich da über mich geschrieben habe. Ich sehe mich ja richtig mit mürrischem Gesicht und schnellem Schritt mitten unter den Müßiggängern in der Fußgängerzone, die, wenn jünger, gelassener unterwegs sind und sogar miteinander lachen und scherzen, wenn sie noch jünger sind. Was treibt mich nur so an? Lach' doch mal wieder!

Entärgern, entschleunigen, abregen, mehr Geduld ... Oh neee, schon tauchen wieder die salbungsvollen Zeit- und Worklife-Balance-Gurus in meinem Kopf auf. Mein Gott, wie habe ich die gefressen! - Weil sie ja genau das ansprechen, wo ich Defizite habe, oder das, was ich bei mir selbst nicht mag oder so, flüstern nun schon wieder andere Trainer- und Coaching-Stimmen in meinem Hirn. - Stopp, so geht das nicht weiter! Diese ewig banalen Weisheiten. Zu lange und zu viel in der Trainer- und Coachingszene herumgehangen. Ist doch alles hirnrissig. Man muss sich doch bloß mal die Typen anschauen, die das alles predigen. Das tun sie doch nur, weil sie nur ihre Welt kennen. Weil sie selber nicht mit- und weiter kommen (oder damit viel Geld verdienen wollen in der trendigen Psycho-Sozio-Pädago-Guru-Lebenshilfe-Szene). Allein, wie die schon auftreten, sich wichtigmachen, sich brüsten und oberlehrern mit ihren mickrigen Mainstream-Philosophien. Grrrr! Wahres Leben taktet anders. Meines jedenfalls!

Und wie? Ja, wie.

Zunächst einmal weiß ich, dass ich mit dieser zornigen Ungeduld nicht allein bin. Viele sind davon getrieben, viele verachten oder ärgern sich über die Langsamen, deren andersartigen Antrieb und Motivation sie ja gar nicht begreifen können (oder wollen) und die sie zu oft in ihrem eigenen Tempo behindern. Allerdings belassen es die Ungeduldigen dabei, reflektieren das nicht weiter und wenden sich lieber anderen, für sie viel interessanteren Themen zu. Zudem entspricht es weder der christlichen Moral, noch der Political Correctness, sich über Langsame zu ärgern oder sie gar zu verachten. Allerdings: Emotionen sind durchaus amoralisch - und einer gedachten emotionalen Regung nachhängen bedeutet ja noch lange nicht, sich danach in der Realität so zu verhalten. Man kann sich über andere furchtbar aufregen, ihnen aber dennoch sofort ehrlich und von Herzen zur Seite stehen, wenn sie Hilfe oder Solidarität brauchen (und dann aber schnell wieder weiter, wenn ihnen geholfen ist). Ist doch überhaupt kein Problem.

Das eigentliche Problem ist, scheint mir, dass die Ungeduldigen keine Lobby haben in unserer gegenwärtigen Gesellschaft. Vielleicht sind sie einfach nicht genügend sympathisch. Vielleicht signalisieren sie mit ihrem Verhalten aber auch, dass sie keine Hilfe, Unterstützung oder Lobby brauchen und für andere menschliche Besorgnisse oft nur mäßiges Gespür, geschweige denn grundsätzliches emotionales Interesse aufbringen. Sie erledigen in Ihrer Ungeduld und Unrast vieles selbst oder stoßen Vorhaben an und geben anderen entsprechende Weisungen, lange bevor diese auf die Idee kommen, dass überhaupt etwas erledigt werden muss. Klar, dass dann Außenstehende diese ungeduldigen Charaktere schnell als Menschen mit absolutem Macht- und Führungsanspruch einstufen. Zuneigung fördert das nur bedingt.

Obwohl den Ungeduldigen Macht an sich gar nicht besonders wichtig ist. Sie ist mit Sicherheit ganz nützlich, um die Dinge, die gemacht werden müssen, schnell und effizient zu erledigen. Aber Macht um der Macht willen zu erobern und dann auch noch zu halten und zäh verteidigen zu wollen, das ist - so meine Erfahrung der letzten Jahre im Verband - eher etwas für typische Gemütsmenschen, für biedere Kumpeltypen mit reichlich Körperumfang, die sich im statischen Thema Macht und Machterhalt stur bis intrigant und emotional hartnäckig verbeißen und behaupten. Dafür ist denen nichts zu schade und zu dumm. Was wiederum den Ungeduldigen allenfalls ein Achselzucken wert ist: Viel Aufwand und Energie - wofür? Macht an sich interessiert sie nicht und lohnt sich nicht für sie. Damit bewegen sie nichts, das kostet viel zu viel Energie - und Zeit ...

Was sind diese Ungeduldigen eigentlich für Charaktere? In den schon früh im vergangenen Jahrhundert von William Moulton Marston (1893-1947, USA) und Carl Gustav Jung (1875-1961, Schweiz) unabhängig voneinander entwickelten Typologien (bis heute Basis vieler Persönlichkeitstests) entspricht meine Beschreibung der Ungeduldigen in einigen wesentlichen Facetten dem "roten", dominanten Typ - rational und extrovertiert. Das System identifiziert dann noch "gelbe" Typen (emotional und extrovertiert), "grüne" (emotional und introvertiert) und "blaue" (rational und introvertiert) sowie weiter im Detail dann unterschiedlich viele Mischformen zwischen den vier Haupttypen.

Doch was haben die Ungeduldigen nur für ein Zeitproblem? Einfache

Antwort: Sie wollen viele Dinge erledigen und 24 Stunden pro Tag genügen ihnen dafür selten - irgendwelche Dinge, irgendetwas, was sie treibt, was sie tun wollen oder glauben, tun zu müssen. Projekte, Ideen, Erfindungen, Kunstwerke, Unternehmen, Gerechtigkeit, Weltfrieden ... Wie hieß doch gleich nochmal der Song von Tim Bendzko: "Nur noch kurz die Welt retten"- Bingo, passt - (inklusive der auch dort vernehmbaren Ironie).

Heiliger Schaffensdrang! Ich denke, vieles von dem, was ich jetzt sehr pointiert beschrieben habe, trifft sicherlich auch für mich zu. Hat mich schon seit meinen frühen Lebensjahren getrieben, obwohl ich gleichzeitig immer wieder in Phasen der Skepsis und des Zögerns, des Nachdenkens und Abwägens falle. Tests meiner Präferenzstruktur (mit der INSIGHTS-Potenzialanalyse) ergaben stets einen deutlichen, natürlichen Rot-Anteil, ergänzt durch ein heute stark beruflich bedingtes Blau (rational und introvertiert - also analytisch, strukturiert, distanziert und skeptisch). Schnelle und klare Entscheidungen treffe ich, das wohl. Aber spontan ist etwas anderes.

Mit hoher Ungeduld also in die Sollbruchstelle 65.

Das kann eng werden.

Ist es schon: Neulich, nach dem Unterricht für den Sportküstenschifferschein (SKS) sitzen wir noch in der Kneipe zusammen und sprechen über die nächsten Schritte unserer Hobby-Seefahrerei. Direkt nach dem Ende des Kurses folgt die Theorieprüfung. Doch zum Erwerb unseres Sportküstenschifferscheins müssen wir noch 300 gefahrene Seemeilen nachweisen und dann die praktische Prüfung bestehen (vorgeschriebene Segel-, Rettungs-, Ab- und Anlegemanöver mit einer Yacht). Der Seemeilen-Nachweis und die praktische Prüfung sind jedoch nicht Bestandteil des Kurses, da muss jeder selbst sehen, wie und wo er die absolviert. Da macht ein interessantes Angebot die Runde - im Oktober im Mittelmeer vor der türkischen Küste. "Ist mir viel zu spät", sage ich, "ich möchte das alles schon im Juli abgeschlossen haben." "Warum so eilig?" fragt einer. "Mir läuft die Zeit weg", antworte ich.

Das will ein anderer jetzt genauer wissen: "Wieso, was meinst du damit, dass dir die Zeit wegläuft?" "Naja," erwidere ich, " ihr seid alle jünger. Ich bin jetzt 65, so wahnsinnig viel Zeit habe ich nicht mehr ..." - Hoppla, habe ich das jetzt nur so daher gesagt, um salopp eine schnelle Antwort zu geben oder ist das wirklich meine innere Not? Mal nachrechnen: Tatsächlich, so viele Jahre bleiben mir vermutlich nicht mehr, um mit der notwendigen körperlichen Fitness souverän eine Yacht als Skipper übers Meer führen zu können.

Liegt etwa darin meine gefühlt gestiegene Ungeduld? Dass mir jetzt (spürbar) die (Lebens)Zeit wegläuft? Oder gab es nicht auch früher schon in meinem Leben Phasen, wo ich hundert Dinge zugleich meinte anpacken zu müssen? Vermutlich ja. Ich kann das jetzt nicht mehr genau nachvollziehen.

Egal. Auf jeden Fall stelle ich fest, dass diese Art von eingebildeter oder tatsächlicher Torschlusspanik meine noch verbliebene Lebensqualität angreift. Da muss ich 'raus. Tempo ja. Ungeduld in gewissen Maßen auch. Beides kann ich vertragen - psychisch und physisch (mein Arzt meinte neulich nach einem ausführlichen Gesundheits-Check, außer meinem Knieproblem wäre ich in sehr guter Kondition, alle Innereien, Muskeln, Knochen und Gelenke super). Aber trotz Tempo und Ungeduld will ich jetzt keinesfalls (Torschluss-)Panik aufkommen lassen. Nun, der Panik-Typ bin ich nicht. Aber Unkonzentriertheit und Nervosität überfallen mich jetzt öfters und heftig. Das war vor einigen Jahren noch nicht so, da bin ich mittlerweile ganz sicher.

Bestes Beispiel für meine dumme Nervosität und Unkonzentriertheit sind die Kartenaufgaben für meinen SKS-Schein: Da gilt es, Kurse für einen Seetörn in der Deutschen Bucht zu berechnen und sie während der (gedachten) Fahrt mit allen Unwägbarkeiten auf der hohen See weiter zu verfolgen, Positionen zu bestimmen und den Kurs zu korrigieren. Mit allen Tücken der wechselnden Gezeitenströme, Windeinfluss und der Verkehrsregelung und -befeuerung in diesem von der Berufsschifffahrt weltweit sehr dicht befahrenen Gebiet. Bei den Übungsaufgaben brauche ich da noch gut zwei Stunden für eine Aufgabe mit allerdings erhöhtem Schwierigkeitsgrad. Später, in der Prüfung werde ich dafür nur 90 Minuten haben.

Und was mir da alles passiert: Da rechne ich 8 + 5 und bekomme 17 heraus. Da verrutsche ich beim Nachsehen in verschiedenen Tabellen in der Zeile oder lese im Geo-Dreieck den etwas längeren Strich der 5-Grad-Unterteilung als eine 10-Grad-Markierung ... Horror. Und ich weiß nicht, wie ich dem beikommen kann. Was habe ich da buchstäblich gepaukt, wie oft die gleichen Aufgaben gerechnet - und mich wie oft dabei jedes Mal wieder buchstäblich auf eine andere Art verrechnet ...!

Wie es nicht anders kommen kann, werde ich dann auch in der Nachprüfung der SKS-Kartenaufgabe Ende Mai patzen: Bei "Hochwasser Helgoland" übernehme ich statt der Daten für den geforderten 31. Juli versehentlich die für den 31. August in der Tabellenspalte dicht nebenan. Folglich löse ich die darauf aufbauenden Aufgaben etwas anders als verlangt. Aber zügig! Also habe ich am Ende noch etwas Zeit, überprüfe meine Antworten und ... das darf doch nicht wahr sein (!!!) - erkenne Daten des falschen Monats, streiche meine Lösung durch, setze die richtige daneben, beginne noch einmal von vorn, komme natürlich nicht mehr weit damit ... Ende. Mist! Mist, Mist, Mist! - "Da sind Sie wohl etwas nervös gewesen ...?", meint nach der Auswertung zwei Stunden später milde lächelnd einer der beiden Prüfer, die mich danach im Mündlichen noch einmal examinieren. Wenn er wüsste, wie recht er damit hat ... Gott sei Dank war dann nach drei, vier kritischen Fragen alles klar - diese Prüfung habe ich glücklich bestanden.

Was ist das nur? Glücklicherweise bin ich im Auto nicht so unkonzentriert und schon gar nicht im Einsatz bei Kunden. Da bin ich voll im Hier und Jetzt. Da können im Training oder in Workshops mit mehreren Teilnehmenden die merkwürdigsten Dinge passieren (und die passieren auch dann und wann) - ich bleibe ruhig, konzentriert und letztlich auch bei wirklich schwierigen Fällen erfolgreich. Warum nur da und nicht auch im privaten Leben? Was - ich wiederhole mich - geht da vor, welchem Muster, welchem Mechanismus, welchem Psycho-Hirn-Gekrempel falle ich da zunehmend mehr zum Opfer

Ärgerlich. Sehr ärgerlich. Das führt nicht weiter.

Was verbaue ich mir so und so oft selbst durch meine blöde Nervosität und Ungeduld! Die SKS-Prüfung ist nur ein - wenn auch herausragendes - Beispiel dafür. Lieber Gott, gib mir Geduld - aber bitte sofort!

Runterfahren, inneren Abstandsregeltempomat einstellen, sich mitziehen lassen, solange es struwwelig vorangeht (das habe ich ja gelernt). Und erst dann laufen lassen und auch mal wirklich Gas geben, wenn es sich lohnt.

Prima! Dann bräuchte ich jetzt nur noch den weisen Ratgeber, der mir souffliert, wann ich wirklich befreit Gas geben kann - und wann es nur so scheint (und ich in der sehnlichen Hoffnung darauf doch wieder sehr ungeduldig werde).

Und wenn ich endlich so einen weisen Ratgeber oder Instinkt diszipliniert und lernfähig in mir selbst entwickelt hätte, dann würde meine Sollbruchstelle 65 nicht mehr so sehr belastet und gefährlich knacken und knarzen, wie es mir im Moment immer noch vorkommt. Dann hätte ich endlich auch meine Ungeduld und Nervosität wieder einigermaßen eingefangen ohne an Temperament und Tempo einzubüßen. Das wär's doch.

Ich neige zur Zuversicht. Manchmal, wenn ich das bewusst so denke, gelingt es ja. Manchmal. Da muss ich doch noch etwas mit mir selbst trainieren. Ach was, draußen scheint die Sonne: Action, Bewegung ... Für Geduld habe ich irgendwann mal noch Zeit genug ...

13) Windstärke 9

Ich sitze im Cockpit der "Danica", etwas verschwitzt inzwischen unter dem schweren Segelzeug und der Rettungsweste und froh, nun ein wenig Pause zu haben. An der Pinne hinter mir Peter, Skipper und Eigner der "Danica".

Die "Danica" ist eine Dehler 28 S: 8,60 Meter lang, 2,80 Meter breit, Tiefgang 1,35 Meter und 38 Quadratmeter Segelfläche. Die Kajüte mit zwei Schlafplätzen hat Peter mit allem ausgestattet, was man für größere Seetörns braucht. Peter war viele Jahre lang einer meiner Auftraggeber vor Ort, ist Anfang dieses Jahres mit einer Vorruhestandsregelung aus seinem Unternehmen ausgeschieden und hat mich schon mal spontan zum Segeln eingeladen. Unter Seglern sind wir inzwischen per Du.

Heute war es wieder so weit. Sein Anruf um elf: "Was meinst Du, es könnte vielleicht nass werden, aber der Wind ist gut - um eins im Schiersteiner Hafen?" "Ja, prima, passt, ich freue mich".

Und so falteten wir die Schutzplane vom Boot, pellten die Segel aus ihren Hüllen, legten ab und nahmen unter der sich elegant und hoch über die Ausfahrt des Schiersteiner Hafens wölbende Fußgängerbrücke Kurs auf den Rhein. Es blies tatsächlich ganz ordentlich.

Nun muss man wissen, dass der Rhein zwischen Wiesbaden und Rüdesheim/Bingen nicht mehr in der üblichen Süd-Nord-Richtung fließt. Er schwenkt in Höhe Wiesbaden elegant nach West-Süd-West, um sich, parallel dem Taunus-Höhenzug folgend, rechts der Rheingau (Hessen), links das rheinhessische Hügelland (Rheinland-Pfalz), nach rund 30 Kilometern durch den engen Einschnitt zwischen Taunus und Hunsrückausläufern (Soonwald/Binger Wald) zu zwängen. Von dort dreht er wieder nordwärts, fräst sich schroffe Durchbrüche und fließt als Welterbe "Mittelrhein" an der Lorelei und einigen Burgen vorbei weiter bis Bonn.

Soweit wollten wir aber nicht.

Interessant für Wassersportler ist der tiefe Taleinschnitt zwischen Rüdesheim und Bingen im Westen, das "Binger Loch". Der sorgt für eine regelrechte Düse, die den Westwind manchmal ordentlich verstärkt: Der hatte Silvia und mich schon einmal in unserem Zweierkajak - wir hatten ein kleines Segel gesetzt - so kraftvoll stromauf gerieben, dass wir gegen die Strömung gar nicht mehr paddeln brauchten, vorn hin und wieder ein paar Brecher überkamen, und wir buchstäblich in Windeseile ohne Mühe wieder in Wiesbaden anlandeten.

Nun segelten wir also in diesem Revier. Mit der "Danica" waren wir gegen den Wind und mit dem Strom etwa bis Eltville gekreuzt und hatten dann wieder Kurs Wiesbaden genommen. Der Weg bis Eltville war für mich ungewohnt arbeitsam: Beim Kreuzen gegen den Wind alle paar Minuten eine Wende, hin und her zwischen den Flussufern, das Fahrwasser gut besetzt mit tiefliegenden Frachtern, die massig und unbeirrt ihren Weg durchs Wasser pflügen und denen wir stets mit respektvollem Abstand ausgewichen sind. Dafür kamen wir bei den Wenden, wie mir schien, den großen Steinblöcken der Uferbefestigung immer sehr gefährlich nahe, doch Peter kennt das Revier und die Wendigkeit seiner "Danica" - kein Problem. Für mich allerdings viel Einsatz: Unter dem schweren Segelzeug im kleinen Cockpit als Vorschoter alle paar Minuten das Vorsegel auf der einen Seite zu fieren (locker zu lassen) und gleichzeitig auf der anderen Seite wieder dicht zu holen (heranzuziehen, Spannung des Segels gegen den Wind aufzubauen), wurde auf die Dauer doch ein wenig anstrengend. Zudem das Wasser des Rhein bei Schräglagen manchmal gefährlich nah an mir vorm Cockpit vorbeirauschte. - So viele Wenden, wie an diesem Nachmittag auf dem Rhein, habe ich bei allen meinen größeren Seetörns in der Karibik kaum gemacht ...

Kein Wunder, dass ich nun ein wenig erschöpft und durchgeschwitzt im Cockpit hocke - und endlich auch einmal den Blick rundum genießen kann. Das Boot rauscht mit Wind von achtern jetzt gegen den Strom Richtung Wiesbaden, das Großsegel weit nach Steuerbord aufgefiert, das Vorsegel mit dem Spinnakerbaum nach Backbord ausgestellt - "Schmetterling".

Das geht so ein paar Minuten ganz gut. Der Himmel bedeckt, ein paar harmlose Regentropfen hin und wieder. Sie stören nicht weiter. Wassertemperatur 16 Grad, Lufttemperatur vielleicht ein, zwei Grad wärmer. Es ist noch April.

Und während ich noch ein wenig durchschnaufe und Frieden spüre, fällt mir etwas auf:

"Sag' mal, siehst du auch den dunklen Strich am Himmel dahinten?"

"Ja, das muss uns nicht stören, zieht hinter uns durch ", beruhigt mich Peter.

Tat's aber nicht. Nach ein paar Minuten war das schon kein schwarzer Strich mehr, eher ein ziemlich kompaktes Wolkenband. Und näher bei uns.

"Soll ich mal die Luke dicht machen?" frage ich (der Niedergang zur Kajüte stand für alles, was da vielleicht vom Himmel hinter uns herunterkommen wollte, sehr einladend sehr weit offen).

"Nee, brauchst nicht. ... naja, oder besser doch".

Gemacht, getan.

"Dann hole ich vielleicht auch den Spinnakerbaum ein?", frage ich, warte das Nicken des Skippers ab, entere geduckt und respektvoll vor dem eventuell herüber kommenden Baum des Großsegels aufs Vorschiff, hake die Stange aus dem Vorsegel und ihrer Befestigung an Bord, verstaue sie, komme wieder ins Cockpit ... will gerade die Fockschot noch ein wenig dichtholen ...

... Und da fegt die Bö aber so 'was von schnell heran und packt uns ...

gleich klatschen auch heftige Regengüsse aufs Schiff, knallt die Fock irgendwo vorn herum, peitschen Leinen wie wild umeinander ...

"Fock reffen, ganz reinholen", höre ich Peter noch rufen ... Reffleine! ... Fockschot 'runter von der Winsch ... laufen lassen ... die zuckt vorn sofort wie verrückt durch die Luft, Fock zerrt wütend am Vorstag ... regenblinde Brille, verschwommene Sicht ...hab' endlich die Reffleine ... greife zu, packe sie ... ziehe, lege sie auf die Winsch, ziehe .... Handkurbel auf die Winsch ... kurble ... brauche ich gar nicht, geht auch so ... ziehe also, mache ...

... Da krängt die "Danica" noch einmal heftig ... ich knalle irgendwo 'gegen (meine porösen Knieknorpel jaulen, werden aber nicht erhört) ...schlammig grünes und wahnsinnig schnell vorbei schäumendes Rheinwasser plötzlich ganz dicht vor mir ... die "Danica" richtet sich wieder auf ... schemenhaft die dunkle, hohe, feindselige Bordwand eines vorbeifahrenden leeren Frachters ... noch weit genug weg ... ich finde wieder Halt ... stemme die Füße gegen den Sitz gegenüber ... und ziehe weiter ... Fock eingeholt.

Jetzt wird's ein wenig ruhiger, Regen, die "Danica" ist wieder voll unter Kontrolle. Das ganze Manöver hat sowieso nur wenige Sekunden gedauert, Peter hatte gleichzeitig den Motor angeworfen, das Großsegel fallen gelassen und den Großbaum dicht geholt.

Großsegel! Also hangele ich mich schnell mit einem Bändsel zwischen den Zähnen nach vorn vor den Mast, hole das Großsegel ganz herunter, will es am Kopf mit dem Bändsel am Baum fixieren - und dabei bläst der immer noch heftige Wind meine Cap vom Kopf, die mir leuchtend rot durchs Graugrün von Regen, Wasser und Uferbewuchs lustig durch die Luft zuwinkt, bevor sie gut 30 Meter weiter auf Nimmerwiedersehen im Rhein baden geht. Und tschüss!

Na wenn's weiter nichts ist.

Wieder im Cockpit. "Alles klar mit dir?" fragt Peter. "Ja, alles klar!"

Wir motoren von Wind und Wellen bewegt Richtung Heimathafen, der Rhein zeigt Schaumkronen.

"Das war jetzt mal eine richtige Sturmbö", meint Peter nach einer Weile. Pause. "Gut und gern Windstärke neun." - Wenn Peter das so sagt, glaube ich ihm gern. Er ist nicht nur ein erfahrener Skipper, er hat früher auch als Schiffsingenieur einige Weltmeere befahren. Windstärke neun also mitten auf dem Rhein, Europas meistbefahrener Binnenverkehrsstraße. Nicht schlecht.

Stunden später, längst zu Hause mit einem Glas Riesling vor dem Fernseher, schwankt immer noch alles. Am Riesling lag's nicht, wie mir Peter anderntags auf mein Danke-Mail und meine Anfrage bestätigt - auch bei ihm gab's noch lange das seemännische Nachschwanken.

So ganz ungeschickt muss ich mich bei diesem Manöver wohl nicht angestellt haben. Peter jedenfalls nahm mich noch mehrfach mit zum Segeln auf dem Rhein, tauschte auch schon mal mit meiner Vorschoter-Position und ließ mich an der Pinne ein paar Segelmanöver fahren.

Und dann lud er mich ein, ihn im August auf einem zehntägigen Ostseetörn von Kappeln bis Greifswald zu begleiten.

Wahnsinn! Sofort steigen Bilder in mir auf: Wir zwei reiferen Männer in der kleinen, aber wendigen und schnellen "Danica", viel Ostseewasser um uns herum, entfernt dänische und deutsche Küstenlandschaften, nordische Häfen ... und alles sicher nicht so warm wie in der Karibik. Noch einmal ein echtes Abenteuer! Natürlich habe ich sofort und mit Freude zugesagt (und Silvia war's gerade recht, mich beschäftigt zu wissen und - bei allen Freuden des Ehelebens - eine Zeit lang nur mit sich selbst die Wohnung allein genießen zu können).

Hm, denke ich dagegen ein paar Tage später: So herrlich das alles ist - bin ich jetzt endgültig im Rentnerleben angekommen, habe ich denn sonst nichts mehr zu tun? Denn immerhin wird die Ostseefahrt mit

Peter im August, nach dem Karibiktörn mit Rolf, Sigrid, Günter und Silvia im Februar und meinem 300-Seemeilen-SKS-Törn im Juni im Mittelmeer, dann schon der dritte größere Seetörn in diesem Jahr. Das können sich doch wirklich nur Rentner mit genügend Taschengeld leisten. Oder Freiberufler mit guten und treuen Stammkunden, die sich im Wettbewerb nicht mehr ständig behaupten, die nicht mehr jeden Tag präsent sein, akquirieren und werben müssen, tröste ich mich hoffnungsvoll.

Hallo, Sollbruchstelle, wie habe ich diese Gedanken denn nun wieder zu verstehen und wie soll ich das jetzt zukunftsweisend einordnen?

Und warum immer wieder Schilderungen aus meinem neuen Segler-Leben - gibt's denn sonst nichts mehr, was mich fordert, fasziniert und mich mal mit Windstärke 9 so richtig herausfordert?

Denn das wäre ja schlimm, wäre langweilig: nix mehr Abenteuer, nix mehr heldenhaft bestehen ... Obgleich mann ja nach meiner eigenen Überzeugung nur bis zu seinem 33. Lebensjahr Zeit hat, um als echter Held in die Geschichte einzugehen, bevor mann ruhmvoll den Helden-tod stirbt (wie Siegfried, Alexander der Große, Jesus, Uncas der letzte Mohikaner ...). Das habe ich allerdings verpasst und bin nun schon fast doppelt so alt. Dennoch: Ohne diese heimliche Männer-Abenteuer-Sehnsucht fehlte mir etwas. Wie wenn es mit dem Sex nicht mehr klappen würde ... Mann, werde endlich vernünftig - oder in Würde alt ...

Außerdem, habe ich eigentlich noch alle meine guten Geister bei-sammen?! Vor knapp einem Jahr hatte ich doch mit meiner Wahlnie-derlage in meinem Berufsverband ein echtes Windstärke-9-Erlebnis. Da konnte ich doch nur noch schleunigst die Segel fallen lassen, den Motor anschmeißen und depressiv nach Hause tuckern. So etwas muss ich dann auch nicht noch einmal haben.

Auch sonst bläst mir ja hin und wieder mal heftig der Wind ins Gesicht. In Seminarräumen beispielsweise. Nur erzählen kann ich davon nicht. Denn abgesehen vom Vertrauensverlust würde es sehr viele Zeilen brauchen, zu beschreiben, wie und warum sich unter Teilnehmenden in Workshops oder Seminaren plötzlich Spannungen und Stimmungen verdichten wie sich hoch auftürmende, mit Gewitter drohende Kumuluswolken. Meistens interne Spannungen in Gruppen meiner Kunden, die bei mir als Externem leise, aber treffsicher einen Blitzableiter finden, bevor dann die emotionale Sturmbö los fegt und das kommunikative Gewitter mit Hagelschlag hinterher kommt.

Ein paar Mal bin ich in meiner langjährigen Freiberufler-Zeit tatsächlich voll und unvorbereitet im von so einer gruppen-dynamischen Sturmbö, Windstärke 9, erwischt worden. War nicht angenehm. Mittlerweile gehe ich mit Spannungen und Stimmungsschwankungen bei Workshops oder Seminaren intuitiv anders um, löse drohende Gewitter vorher auf oder reagiere reflexartig (meist richtig), wenn ich doch einmal Warnzeichen übersehen haben sollte. - Wie Peter, der Skipper der "Danica": Was für mich jetzt auf dem Rhein ein aufregendes, erzählbares Erlebnis war, ist für ihn möglicherweise nicht mehr so besonders spannend, hat er bestimmt schon ein paar Mal erlebt und dafür die richtigen Routinen und Reflexe entwickelt, dem Unwetter elegant und erfolgreich zu entkommen.

Klar, im Seminarraum oder im Büro bei Kunden bin ich Profi. Durchaus auch Vollprofi. Auf dem Boot bin ich's (noch) nicht. Trotz meiner mittlerweile mehr als tausend Seemeilen als Crewmitglied bei Segeltörns in der Karibik, trotz zig Stunden im einen oder anderen Mietmotorboot oder auf der "Danica", trotz einiger kleinerer Segeleien als Jugendlicher auf dem Starnberger See oder dann später mit kleinen Jollen an Mittelmeer-Ferienorten (und trotz mittlerweile 1.800 gepaddelten Kilometern im Faltboot - ja, das muss auch mal gesagt sein): An Deck einer Yacht fühle ich mich manchmal immer noch wie ein Anfänger.

Vielleicht als ein inzwischen sehr fortgeschrittener Anfänger. Aber keinesfalls als Profi mit den entsprechenden Routinen und Reflexen: Wenn's schnell gehen muss (wie bei der Sturmbö auf dem Rhein), muss ich oft noch einen Augenblick überlegen, welches jetzt die richtige Leine ist, die ich (wie?) bedienen muss, da reagiere ich zu langsam und antizipiere noch viel zu wenig plötzliche Bootsbewegungen. Zudem brauche ich manchmal zwei oder drei Versuche, bis ein selten gebrauchter seemännische Knoten richtig sitzt, bewege ich schon mal zu hektisch den Schalthebel des Motors bei Anlegemanövern im Hafen (was besonders peinlich ist, weil da natürlich alle möglichen Profis vom Kai aus zuschauen) ... Peter tröstet mich: Jedes Schiff sei anders, und auch er müsse sich zu Beginn jeder Saison erst einmal wieder richtig auf sein Boot und das Wasser einstellen.

Vielleicht sind ja meine seemännischen Fähigkeiten inzwischen doch schon ganz passabel, und ich verlange einfach zu viel von mir (meine Ungeduld lässt grüßen).

Gleichzeitig wird die leise Sehnsucht stärker, einmal routiniert und professionell auf See unterwegs zu sein. Professionell Kopf, Herz und Körper gleichzeitig einzusetzen, um ein Boot effektiv und elegant durch Wind und Wellen zu steuern, das alles zusammen mit Freunden voll zu genießen und perfekte Anlegemanöver an eng besetzten Molen zu fahren. Ja, - und jetzt bricht wieder mein oben schon beschriebenes, ewig romantisches Heldengedenken durch - ich möchte dann auch schon mal den Kampf gegen sichtbare Naturgewalten gewinnen und die eine oder andere Herausforderung nicht nur in Seminarräumen bestehen. Ausbruch? Aufbruch? Torschlusspanik?

Vermutlich alles zugleich. Die Zeit läuft. Und gleichzeitig fällt mir auf, dass ich mir ausgerechnet Hochsee-Segeln als Ausgleich zu meiner beruflichen und bis vor einem Jahr auch intensiven ehrenamtlichen Arbeit ausgesucht habe: In meiner Arbeit geht es ja vor allem um das Erkennen, Entwickeln und zielorientierte Moderieren abstrakter, psychologischer Motive, alles andere ist nachrangig. Umgekehrt dagegen bestimmen auf der hohen See Naturgewalten sehr direkt und nicht verhandelbar den menschlichen Handlungsrahmen. Gegensätzlicher geht es kaum. Ein echtes und starkes Kontrastprogramm!

Dazu kommt: Gleich nach dem Wegfall meiner beruflich-ehrenamtlichen Arbeit habe ich mit meiner Bootsausbildung begonnen. Intensiv und zielgerichtet. Zufall? Warum erst jetzt, warum nicht schon viel früher ...?

Kein Wunder, dass mich ein Thema wie "Windstärke 9" fasziniert. Und im Nachhinein erweist es sich sogar als genialer Schachzug meines Schicksals, mir ausgerechnet zu meiner Sollbruchstelle 65 so ein Kontrastprogramm anzubieten und gleichzeitig das bisher von meiner beruflichen Arbeit geprägte, aber davon nicht mehr zu 100 Prozent ausgefüllte Leben weiter führen zu können. Merci! Dieses Angebot habe ich begeistert angenommen!

Vielleicht ist das ja die Lösung und der richtige Weg über meine Sollbruchstelle: Etwas zu finden, das auf einem völlig neuen Gebiet volle Konzentration und vollen körperlichen, geistigen und emotionalen Einsatz (Teamwork Skipper-Crew) zwingend erfordert, um (buchstäblich) nicht unter zu gehen.

Parallelen: Seit einiger Zeit gönnt sich ein Kunde, mit dem ich schon seit mehr als zehn Jahren gut, gern, erfolgreich und mittlerweile sehr freundschaftlich zusammenarbeite, in seiner Freizeit ebenfalls ein Kontrastprogramm, bei dem die Freiheit grenzenlos ist: Er fliegt und hat mittlerweile auch seinen Pilotenschein für zweimotorige Maschinen gemacht. Vergleichende Fachsimpelei, nachdem wir die jeweiligen Gemeinsamkeiten und Unterschiede bei der Navigation abgearbeitet haben:

"Beim Fliegen bin ich in einem dreidimensionalen Raum unterwegs, das ist schon sehr anspruchsvoll. In einem Boot bist du das nicht."

Und wenn, denke ich im Stillen, dann muss mit dem Boot kurz vorher irgendetwas furchtbar schief gegangen sein ...

"Aber", kontere ich, "Du musstest keine Schallsignale pauken. Und ein Mann-über-Bord-Manöver kann ich mir beim Fliegen auch schlecht vorstellen. Ich muss das aber können ..."

Handschlag, ich hatte gewonnen.

Und an dieser Stelle meiner Überlegungen angekommen, kann ich inzwischen sogar locker auf Abenteuer mit Windstärke 9 verzichten: Bei Windstärke 5 bläst es auch schon ganz schön, reicht schon ... Willkommen an Bord!

14) Lernen

Inzwischen ist es Anfang Juni. Allmählich wird's eng: In wenigen Wochen habe ich Geburtstag, da werde ich 66. Mein selbstgestecktes Ziel, bis dahin diese Sollbruchstelle 65 ohne größere innere und äußere Blessuren zu passieren, lässt nicht mehr viel Raum. Finale Erkenntnisse drängen, werden dringender!

Und plötzlich verspüre ich unvermutet, aber deutlich, wieder geschäftlichen Aufwind: Während ich noch über das nahende Finale für meine Sollbruchstelle grübele, ein Anruf meines Kunden aus dem mittleren Westen der Republik. Er sagt mir, dass mein Jahreszielvereinbarungssystem, bisher nur in seinem Unternehmensbereich implementiert, in weiteren Bereichen der AG eingeführt werden soll. Doppelte Freude! Denn damit wird nicht nur mein Führungskonzept wieder einmal bestätigt, sondern damit sind auch Aufträge mit Seminaren zur Einführung des Systems verbunden. Dazu kommt, dass dieser Kunde gerade eben noch einmal einen großen Karriereschritt gemacht hat und nun zum Bereichsvorstand und Prokuristen und gleichzeitig zum Geschäftsführer eines Schwester-Unternehmens ernannt wurde. Super, ich freue mich sehr für ihn, das hat er wirklich verdient!

Mit diesem Anruf sieht meine Auftragslage für den Sommer nun recht gut aus: Nach meinem Mittelmeertörn ist Mitte Juli ein Workshop "Texten und Gestalten" in Wien terminiert, im Anschluss daran ein Gespräch bei meinen Salzburger Kunden (unter anderem Briefing für ein Führungstraining im Herbst), dann ein Kick-off-Workshop mit Führungskräften und Mitarbeitern im Unternehmen des frisch ernannten Geschäftsführers, nach meinem Ostseetörn im August Einführungsseminare für das nun auf voller Breite einzuführende Jahreszielgespräch, dazwischen noch eine Beratung bei einem Kunden auf der Schwäbischen Alb und dann, im September, ein Workshop mit einem ebenfalls sehr langjährigen Kunden und dessen Teilnehmern aus ganz Deutschland, zentral in meinem Stamm-Seminarhotel im Rheingau. Dafür habe ich mir dieses Jahr noch etwas ganz Besonderes einfallen lassen: Zur Theorie im Seminar die praktische Ergänzung mit Übungen bei einer Motorbootfahrt auf dem Rhein. Schon beim letzten Mal fragten die Teilnehmenden, ob man denn am Ende des Seminars nicht mal ein Schiff auf dem Rhein entern könne ... jetzt sollen sie es können.

Natürlich muss so eine Motorbootfahrt im Rahmen eines Seminars sehr gut vorbereitet werden, wenn sie nicht nur Vergnügen bieten, sondern auch als Praxis-Part des Seminars taugen soll: Wo kann man die Teilnehmenden ohne große Anfahrt an Bord nehmen, welche Route eignet sich am besten, welche Buchten können wir auch bei vermutlich niedrigerem Wasserstand im September anfahren, an welcher Stelle baue ich welche praktischen Übungen zur Vertiefung des Seminarinhalts (Gruppendynamik und Team) ein, die ich am nächsten Morgen diskutieren will, wie lange brauchen wir bis zu welchen Stellen - und bleibt dann auch noch ein wenig Zeit für Sightseeing und Motorboot-Fun zur Belohnung? Also, da gibt es viel zu bedenken. Zwar werde ich für die Veranstaltung ein Speedboot samt Skipper mit ausreichend Sitzplätzen chartern und nicht selbst fahren - es wäre overloaded, wenn ich gleichzeitig Übungen leiten und beobachten will -, aber die Vorbereitung für dafür und das genaue Briefing des Skippers muss ich schon selbst machen.

Dazu bräuchte ich aber einen Ko-Trainer - einen kritisch beobachtenden Begleiter und Gesprächspartner, der sowohl das Trainingsgeschäft kennt, Sinn hat für eine gute Dramaturgie und der sich in die Rolle eines aus einer anderen deutschen Region stammenden Teilnehmers versetzen und mir sofort Feedback geben kann.

Da fällt mir natürlich Hinnerick Bröskamp aus Köln ein. Mit dem wollte ich ja sowieso schon mal Motorboot fahren (siehe Kapitel über S-Kurven). Jetzt klappt es: Er hat Zeit, freut sich, kommt.

Wir übernehmen in Mainz ein kleines Charterboot. Damit fahren wir stromab und kreuzen auf der Höhe möglicher Anlegestellen im geplanten Revier hin und her (auch Hinnerick überlasse ich mal das Steuer - und er hat sichtlich Vergnügen an schneller Gleitfahrt über ruhiges Wasser). Wir probieren jene Zufahrt aus, dann diese, notieren Zeiten, spielen Abläufe durch - und machen schließlich Pause hinter der Eltviller Aue oder Königsklinger Aue.

Die Königsklinger Aue ist eine große Rheininsel, die mit Herrenhaus und landwirtschaftlichen Gebäuden, Feldern und Auwäldern als Naturschutzgebiet die Fahrrinne der Berufsschifffahrt vom ruhigen Wasser südlich der Insel trennt. Nordöstlich, also stromaufwärts, ist die Aue durch eine Buhne mit dem Festland verbunden, die zwar Rheinwasser durchlässt, aber keine Boote (die dort allerdings in einer kleinen Marina oder vor Anker liegen). So entsteht ein ruhiges Gewässer mit nur wenig Strömung, ein beliebter, zwei Kilometer langer Badeplatz für Bootsfahrer an warmen Wochenenden.

Dort habe ich Anker geworfen und den Motor abgestellt. Es ist weder Wochenende noch warm, also kein Boots- und Badeverkehr. Hinnerick und ich genießen die Stille, Raubvögel (Schwarzmilane) schweben über uns, das Boot schwojt sanft an der Ankerleine. Wir packen unsere Brotzeit aus: Würstchen und Käse, Radieschen, Brot und Brezeln, dazu für jeden eine gekühlte Flasche Radler, hinterher noch Schokolade in Waffeln. Köstlich!

Dann reden wir. Erst einmal Bewältigung unserer jüngsten Vergangenheit: Hinnerick hatte ich in meiner Verbandszeit als Vizepräsident für mein Präsidium gewinnen können. Seine Erfahrung als früher sehr erfolgreicher Inhaber, Regisseur und Autor der De Campo Film GmbH (Werbespots, Industriefilme und Dokumentationen für ARD, ZDF, ARTE und Deutsche Welle TV, u.a. in Amerika ausgezeichnet mit dem Oscar des Industriefilms, dem „First Place-Gold Camera Award" des U.S. Industrial Film and Video Festival) hatte ich vor allem für die

Regie von Veranstaltungen des Verbands nutzen wollen - und diese Überlegung war aufgegangen: Hinnerick hatte glänzende Events mit hohem Niveau und viel Publikumsbeifall auf die Bühne gebracht. Gleichzeitig hatte er aber im Verband noch weniger Stallgeruch als ich. Er war schließlich von einigen Führungskreis-Mitgliedern regelrecht ausgebremst worden, die hatten sich in ihrer Selbstbestimmungs-/-erfüllungs-Attitüde von seinen Regieanweisungen gegängelt und fremdbestimmt gefühlt und unbedingt ihr eigenes Ding machen wollen (mit wenig Erfolg, wie ich später hörte).

Hinnerick trat nicht noch einmal zur Wahl an, ist aber Mitglied geblieben und erzählt mir nun im Boot, das von der leisen Strömung gemächlich mal hin, mal her bewegt wird, die eine oder andere neuere Begebenheit aus dem Verband. Eher genüsslich denn nachtragend ergehen wir uns in vergleichenden Beobachtungen (was im Klartext natürlich nichts anderes als feinsinniges Ablästern bedeutet).

Und dann: Vergangenheit, Gegenwart, Zukunft. Wir beiden 65jährigen tauschen uns aus. Seine Filmproduktion hatte Hinnerick schon 2004 aufgrund gesundheitlicher Probleme aufgegeben. Seither ist er in der glücklichen Situation, nicht mehr arbeiten zu müssen. Eher zufällig begann er mit 56 eine Trainerlaufbahn, sie war mühsam und dauerte nicht sehr lange, denn Ende letzten Jahres hat er sich entschieden, aktiver Privatier zu werden. Nicht zuletzt, weil er im Trainingsgeschäft als ehemaliger Medienunternehmer nie so richtig heimisch geworden ist. Das nagt noch ein wenig an ihm. Ich höre ihn grübeln und murmeln "... Manchmal frage ich mich, weshalb habe ich das eigentlich nicht geschafft ..."

"Moment 'mal ...", muss ich ihn sofort unterbrechen, "Du hast eine ganze Menge geschafft, das soll Dir erst einmal einer nachmachen (da verfällt der Bursche doch glatt in diese blöde Selbstzweifelphase, die ich ja auch bei mir kenne, das gibt's doch nicht!) - also, soll ich Dir mal sagen, was mir dazu einfällt?"

Ich warte aber gar nicht auf seine Antwort und schleudere ihm ganz schnell eine ganze Menge Fakten über das, was ich von ihm weiß und was mit ihm erlebt habe, entgegen.

"Ja, hast recht, sorry ... sag' mal, treiben wir nicht zu sehr ans Ufer?"

Ich mache ein paar Schritte nach vorn, prüfe die Ankerleine: "nein, hält sicher, näher kommen wir dem Ufer nicht, wir treiben auch nicht, sondern wir bewegen uns je nach Wind und Strömung im Radius um den Anker ein wenig hin und her, alles gut".

Es ist wirklich alles gut. Denn sowohl Hinnerick (und Hinnerick schon gleich gar nicht) als auch ich sind alles andere als Menschen, die in ihrem Leben bisher nichts geschafft oder keinen bleibenden Erfolg gehabt hätten. Bei aller Kritik, bei allen Fehlern oder Sackgassen, in die man dank einer gewissen Tatkraft nun einmal hineinschlittert ist - das sind bei uns beiden allenfalls Lernfelder, schmerzen auch vorübergehend ein wenig, behindern aber nicht weiter.

Dann will ich von Hinnerick etwas mehr wissen über seine neue ehrenamtliche Arbeit als Programmkoordinator von Klangraum Kunigunde (www.*Klangraum-Kunigunde.de)*, einer Kirche, die wegen ihrer einzigartigen Akustik gern für Konzerte genutzt wird, nur einen Steinwurf weit von seinem Haus in Köln-Nippes: Wie hat das angefangen, seit wann macht er wie mit wem Musik ...?

Ich erfahre, dass Hinnerick in sein ehrenamtliches Engagement all seine Erfahrungen als Musiker, Eventmanager, Medienproduzent und Regisseur wunderbar einbringen kann. Er hat neben Pädagogik auch Musik studiert, war in den 70er Jahren Lehrer für Gitarre und Dozent für Musikimprovisation. Und freut sich, dass er jetzt seine Musikleidenschaft wieder voll ausleben und kreativ Neues mit hoch professionellen Kollegen aus verschiedenen Ländern und Kulturen ausprobieren und schaffen kann.

Wir nähern uns einem Thema, das mir immer mehr am Herzen liegt.

Ich mache einen Vorstoß: "Sag mal, könntest Du Dir vorstellen, in unserem Alter noch einmal etwas ganz Neues zu beginnen? Etwas, wo wir nicht auf unsere Erfahrung und berufliche Professionalität zurückgreifen können, etwas, wo wir wieder blutige Anfänger sind, wieder ganz von vorn anfangen müssten zu lernen?"

Ich muss nicht lange auf seine Antwort warten, dann kommt sein "Nein". Und er spricht mir buchstäblich aus der Seele, als er mit erheblichen Fragezeichen in der Stimme einige Aktivitäten oder Organisationen aufzählt, in denen sich Rentner betätigen könnten (sollten), um nicht untätig depressiv zu werden und noch irgendeinen Nutzen für die Gesellschaft darzustellen. Also hatte sich auch Hinnerick mit diesem Thema beschäftigt.

Ja, genau das ist es, was mich an diesen Best-Ager-Animateuren so stört: Als deutlich Jüngere respektlos und naiv anzunehmen, man wolle sich in unserem Alter allen Ernstes jetzt noch einmal mit irgendeinem Tun, bloß um nicht in ein seelisches Loch zu fallen, als Anfänger outen, wenn man bereits professionell und erfolgreich in seinem Beruf unterwegs war. Was soll das denn? Da muss man schon sehr verzweifelt sein - oder wenig Selbstachtung haben - oder puren Galgenhumor.

Denn sieht es nicht ein wenig lächerlich aus, wenn sich Opas - täppisch, langsam und schwer von Begriff - unter Jüngeren abmühen, in irgendeiner, ihnen völlig neuen oder fremden Disziplin noch einmal irgendetwas bewegen zu wollen? Mitleiderregend.

Also das finden weder Hinnerick noch ich besonders verführerisch. Schweigen. Und Sinnieren.

Andererseits: Nichts Neues mehr zu beginnen, würde ja tatsächlich dem Vorurteil gerecht, dass Ältere nicht mehr bereit seien für Veränderungen, nicht mehr dazu lernen wollen und deshalb die Welt am liebsten so lassen würden, wie sie ist.

Nun, das stimmt auch wieder nicht. Hinnericks kreatives Musikengagement mit jungen Musikern (m/w) und ihren Instrumenten aus fremden Kulturen ist doch der beste Beweis dafür, dass einer wie er noch Neues wagt, experimentiert und die Grenzen des Gewohnten mutig, selbstkritisch und schrittweise überwindet. Ich hab's ja selbst gesehen - und vor allem gehört.

Also was denn?

Am meisten stört mich das Wort Anfänger in Verbindung mit dem Bild eines deutlich erkennbaren älteren Herrn. Das Bild eines Menschen, der in reiferem Alter noch etwas anfängt, wozu er bislang in seinem Leben noch gar keine Beziehung hatte, wozu er sich vielleicht auch nicht besonders eignet, was ihm aber nun - vielleicht von anderen wärmstens und nachdrücklich empfohlen - als sinnreiche, sein Leben ausfüllende Tätigkeit erscheint und mit der er sich linkisch abstrampelt. Das ist es, was mir unangenehm aufstößt, was ich als albern und unprofessionell empfinde.

Da fällt mir eine Bemerkung von Hans-Uwe L. Köhler wieder ein. HULK (sein Namenskürzel) schätze ich sehr als professionellen Trainer, als mehrfach ausgezeichneten und geehrten Speaker, Autor, kollegialen Freund und sehr integren Menschen. Er sagte mir sinngemäß vor einiger Zeit: In unserem Beruf ist man lange Zeit Geselle, eigentlich wird man erst mit 60 zum Meister. – Er sprach mir aus dem Herzen. Und genau deshalb habe ich in dieser Alters-Meisterklasse Probleme, mich hier und dort in einem Anfängerstatus wieder zu finden oder andere in meinem Alter darin zu beobachten.

Nun wirken selbst jüngere Menschen, denen man den typischen Anfänger mehr als deutlich ansieht, auch nicht gerade erotisch. Doch denen begegnen wir nachsichtiger: Erstens kann daraus ja noch etwas werden (sie haben dazu noch genug Zeit in ihrem Leben), zweitens müssen wir grundsätzlich hinnehmen, dass in unserer Welt heute dank PC, Internet und jeder Menge Freizeit-Spaß-Angeboten jeder alles darf und gleich zu können meint, wozu früher oft eine fundierte Ausbildung und unzählige Übungsstunden notwendig waren. Politisch, technisch, gesellschaftlich und ökonomisch ist das sicher eine große Errungenschaft. Und den Verlust an Ästhetik und Können beklagen allenfalls Kulturpessimisten - und auch das nicht erst seit heute. Avanti, dilettanti! - und das auf allen Kanälen, welch wunderbare neue Welt!

Zurück zu den Senioren: Ist es nicht rührend, wenn die Enkelin dem Opa oder der Enkel der Oma die Funktion eines Smartphones erklärt? Ja, doch. So eine Werbung wirkt (vielleicht).

Aber weniger rührend, eher nervig, finde ich es, wenn ältere Damen und Herren ewig und hilflos im Anfängerstadium stecken bleiben und damit andere aufhalten. Aber da muss ich jetzt aufpassen:

Als ich meinen ersten Sportbootführerschein-Kurs vor knapp einem Jahr begonnen hatte, war mir gar nicht aufgefallen, dass ich da mit Abstand der Älteste war. Das wurde mir erst jetzt, bei meinem dritten Wassersport-Kurs, dem SKS, bewusst. Sogar sehr deutlich bewusst im Gespräch über die mir noch verbleibende Lebenszeit, diesen Schein auch wirklich voll ausnutzen zu können (siehe auch Kapitel "Zeit").

In meinem Italienisch-Kompaktkurs hatte ich dagegen schon mit dem ersten Blick erkannt: Alle anderen sind mindestens ein Dutzend Jahre jünger. Naja, dann ist es eben so, wir sind alle mehr oder weniger Anfänger. Eher weniger: Einige sprachen dank diverser Vorbildungen schon damals recht gut italienisch. Doch die, die mit genau so wenig Vorkenntnissen wie ich diesen Kurs begonnen haben, waren nach meiner Einschätzung bald spürbar sicherer und besser als ich und hängten mich im Fortgang des Kurses langsam ab.

Lernen wird mit zunehmendem Alter schwieriger, las ich neulich in einem Zeitungsinterview mit einer Schauspielerin. Ich fürchte, da hat sie recht.

Zwar klagen auch die anderen Italienisch-Anfänger im Kurs gern, dass sie Mühe haben, mitzukommen und kaum Zeit zu lernen. Aber das werte ich, wenn ich bei Abfragen unserer Lehrerin und gemeinsamen Übungen deren Können mit meinem vergleiche, eher als "Fishing for Compliments". Tatsache ist, dass ich es heute nicht mehr schaffe, mit nur "mal kurz eben noch schnell Hausaufgaben machen", dem Kurs mühelos zu folgen.

Sehr ärgerlich und sehr lästig. Früher brauchte ich mir nur etwas durchzulesen, dann hatte ich's begriffen und den Stoff ausreichend gekonnt. Jetzt nicht mehr. Deshalb habe ich mir vorgenommen, vor Beginn des zweiten Italienisch-Kurses Mitte September den ganzen Inhalt des ersten - Vokabeln, Grammatik, Redewendungen - noch einmal akribisch durchzuarbeiten und habe mir dafür sogar noch einmal neu das Anfänger-Lehrbuch bestellt, (das alte ist mit meinen Übungen ja schon vollgekritzelt). Guter Vorsatz. Und wann werde ich ihn umsetzen? Bis Mitte September bleibt nicht mehr viel freie Zeit bei all' meinen anderen Vorhaben. Aber ich will! Allein, um Guiseppa, unsere Lehrerin, nicht zu enttäuschen und den anderen nicht zur Last zu fallen. Und deswegen muss ich. Jeden Tag wenigstens eine halbe Stunde Italienisch wiederholen und pauken sollte doch möglich sein. Natürlich könnte ich nach diesem ersten Kurs auch aufhören. Aber dann würde ich ja genau in dieser ewigen Anfängerphase stecken- bleiben. Passt mir auch nicht. Passt mir noch viel weniger.

Zugeben muss ich in der Rückschau auch, dass das Scheitern meiner ersten SKS-Navigationsprüfung voll gerechtfertigt und nicht nur auf Flüchtigkeitsfehler oder meinen Blackout bei der Radarseitenpeilung zurückzuführen war: Was habe ich in den zwei Monaten bis zur Nach- prüfung noch alles gelernt, was ich beim ersten Mal - ehrlich gesagt - noch nicht wusste.

Rückblickend habe ich in meinem Sollbruchstellenjahr tatsächlich sehr viel gelernt. Vielleicht so viel, wie in den letzten fünf Jahren nicht.

Langsam: Die Jahre beim Verband waren heftig viel Lernstoff. Dazu die ganzen Fortbildungen, Seminare und Workshops, die ich jedes Jahr für meine eigene Weiterbildung absolviert habe - ich habe in puncto Lernen doch nicht nichts gemacht?!

Richtig. Ich habe viel gemacht, ich habe viel dazu gelernt - geht gar nicht anders in meinem Job (in jedem Job), wenn man einigermaßen professionell sein will. Doch das war selten etwas grundsätzlich Neues. Das waren Themen und Inhalte, die mich schon lange beschäftigten, bei denen ich an vorhandenes Wissen, Können, Erfahrungen anknüpfen konnte. Das war Lernen durch (Er)Leben und Weiterbildung mit evolutiver, automatischer Ausweitung meines längst gelebten alltäglichen beruflichen Horizonts.

Italienisch und Sportbootausbildung gehörten dazu definitiv nicht. Das waren wirklich völlig neue Gebiete. In beiden Disziplinen war ich trotz rudimentärer Vorkenntnisse blutiger Anfänger. Und das fordert ein ganz anderes Lernen.

Da dämmert mir Schreckliches: Wenn ich mich in der einen oder anderen neuen Disziplin auch nur halbwegs professionell bewegen und mich in reiferem Alter nicht wie der ewige Anfänger ständig lächerlich machen will, muss ich lernen. Mehr als früher, konzentrierter als früher, disziplinierter als früher. Just for fun war in jüngeren Jahren easy, mit 65 plus ist es das nicht mehr - und wirkt eher etwas minderbemittelt für Menschen, die dabei zusehen.

Das wird vielleicht ein Krampf, stöhne und fluche ich oberbayerisch still vor mich hin. Das sagen uns die Seniorenflüsterer und Best-Ager-Verherrlicher freilich nicht, dass das Leben im Ruhestand zumindest lerntechnisch noch einmal richtig anstrengend werden kann. Mehr als vorher.

Nun, wenn sie das sagen würden, würden sie nicht mehr so positiv und dauerfröhlich strahlen können. Aber vielleicht wissen die Best-

Ager-Schönredner ja auch gar nicht um diese Anstrengungen. Oder es ist ihnen spätpädagogisch nicht wichtig - die Einstellung gegenüber Leistung, Selbstdisziplin und Professionalität ist bei Welterklärern in sozialen Diensten ebenso wie bei denen mit Guru-Ambitionen sehr unterschiedlich verteilt.

Einem Senior unterstellt man schließlich (altmodisch) eine gewisse Erfahrung und Professionalität. Man unterstellt ihm auch, dass er sich nicht wie ein Depp benimmt und in reiferem Alter noch einmal Dinge tut, die er nicht beherrscht.

In meiner Sicht der Welt. An meiner Sollbruchstelle.

Zwei Männer in einem Boot: Das Gespräch mit Hinnerick war gut. Anfänger zu sein, passt für uns nicht mehr. Und wenn wir's dennoch sind, weil wir etwas Neues beginnen wollen (und das wollen wir hin und wieder), müssen wir leider deutlich mehr als bisher investieren, um die Anfängerphase schnell und erfolgreich abzuschließen. Wir müssen wirklich noch einmal richtig lernen. Das weiß ich jetzt.

15) Elba

Schluss, aus, vorbei: Sonntag, 5. Juli 2015, ich habe meinen 66. Geburtstag. Keine Chance mehr, weiter zu grübeln, wenn das Thema Sollbruchstelle tatsächlich auf "65" beschränkt sein und nicht ewig dauern soll. Das zumindest hatte ich mir anfangs insgeheim als Ziel gesetzt.

Und wie ein Hohn für alle meine schweren Gedanken in diesem meinem 66. Lebensjahr passiert nun genau dies:

Ich sitze mit Silvia beim Frühstück auf der Terrasse des "Hotel Grotte del Paradiso" in Elba. Das Hotel ist eng verbunden mit der "Yachtschule Elba" des Deutschen Hochseesportverbandes Hansa e.V. (DHH), bei dem ich gerade meinen SKS-Praxistörn und am Ende die noch ausstehende Praxisprüfung für meinen Sportküstenschifferschein absolviert habe. Der Tag wird - wie alle anderen zuvor - heiß. Der Blick von der Hotelterrasse schweift über die Meeresbucht zu unseren Füßen (eine Szene wie aus dem Bilderbuch), ein paar Jollen der Yachtschule schaukeln dort sanft, Fähren nach und von Piombino gehen und kommen, vereinzelt Segel- und Motorboote.

Silvia hat gerade ein einwöchiges Skippertraining (auch beim DHH) in der Bucht abgeschlossen und zunehmend Spaß an der vergnüglich-professionellen Seefahrt gefunden. Die drei letzten Tage haben wir uns morgens und abends von Schiff zu Schiff gegrüßt: Sie kam vom Hotel zum Training auf ihre Yacht, ich war an Bord meiner Yacht - an einer benachbarten Liegestelle - bei den sechs anderen Männern geblieben, mit denen ich bis dahin schon tagelang quer durchs Mittelmeer unterwegs gewesen war und mit denen ich nun die letzten Trainings-Manöver vor der Prüfung ebenfalls in der Bucht ein paar Kilometer vor Portoferraio absolviert hatte.

Sonntägliches Frühstück also, nach 14 Tagen auf See nun wieder an Land. Fast ein wenig ungewohnt (alles schwankt etwas im Nachhall des gehabten Seegangs). Ein heißer Tag. Hin und wieder auf der Hotelterrasse Schiffskameraden und -innen von den jeweiligen Kursen, freundliche Bemerkungen, Small Talk ...

... und da passiert es. Ein Anruf auf meinem iPhone: "Waren Sie es, der eine kleine Yacht chartern wollte? Wir hätten da noch eine 32-Fuß-Bavaria ..."

Wow, das darf doch nicht wahr sein! Mit sehr wenig Hoffnung in der gerade begonnenen Segelsaison habe ich am Vortag, nach meiner bestandenen letzten SKS-Prüfung, einigen Empfehlungen folgend bei Vercharterern nach einem noch freien Schiff herumtelefoniert - eine 48-Fuß-Yacht wäre noch zu haben gewesen (sehr viel zu groß für uns zwei), aber sonst nichts.

Und jetzt das! Ein schöneres Geburtstagsgeschenk hätte man mir/uns nicht machen können. Der Wahnsinn! Silvia und ich flippen fast aus.

Am Sonntagnachmittag übernehmen wir dann in Portoferraio die "Kiriwina", eine Bavaria 32 Cruiser/12 von Yachtcharter Buechi (heißen Dank!), bekommen ein ausführliches Briefing, bunkern Lebensmittel, Wasser und andere Notwendigkeiten, schlafen noch eine Nacht im Hotel und legen am späten Montagvormittag ab, Silvia am Steuerruder. Zuerst in die Bucht, um uns mit der Yacht bei ein paar Manövern vertraut zu machen, dann Kurs nach Westen, in vier gemütlichen Tagen um Elba herum. Zu zweit allein auf einer von uns selbst gesteuerten Yacht. Träume werden wahr! Nein, stimmt nicht: So etwas habe ich eigentlich nicht einmal zu träumen gewagt ...

Die "Kiriwina" liegt uns. Mit knapp zehn Metern Länge (3,42 Meter Breite, 1,50 Meter Tiefgang und 5,2 Tonnen Gewicht) ist sie ein sehr handliches Gefährt und bietet mit zwei Kabinen und vier Kojen mehr als genug Platz für uns beide. Luxus!

Wir segeln und motoren (kaum Wind). Wir ankern in einer Bucht (Fetovaia), baden, kochen (Silvia), essen an Bord und genießen das

Leben in der sanften Abenddämmerung, der lauen Luft und dem leisen Schwanken der „Kiriwina". Am nächsten Nachmittag nach ein wenig Segeln steuern wir eine andere Bucht an (Golfo di Lacona). Wiederum faulenzen, baden, dösen, Sommer genießen ...

Abends lassen wir dann das an Deck vertäute Dingi (Schlauchboot mit Außenbordmotor) zu Wasser. Damit fahren wir von unserem Ankerplatz mitten in der Bucht ein paar hundert Meter an den Sandstrand, um in einem Restaurant vor einem Campingplatz zu essen. Perfektes Landemanöver mit dem Dingi am Strand (perfektes Anlanden am Sandstrand haben wir beim Seekajak-Kurs in der Ostsee gelernt). Und nach dem Essen wieder ins Dingi und stolz wie Oskar die uns zusehenden Camper am Strand zurücklassend wieder aufs Meer getuckert zu "unserer" Yacht. Und weil's so schön war, wiederholen wir das gleich am nächsten Morgen: zum Frühstücken mit dem Dingi zum Campingplatz-Restaurant am Strand (für caffè e brioche). Man gönnt sich ja sonst nichts.

Ja, es war plötzlich alles wunder-wunderschön. Alles, was man sich an zweisamer Segel-Romantik auf einer kleinen Yacht an einer zauberhaften Mittelmeerküste vorstellen kann, genossen wir in vollen Zügen. Ich war glücklich. Ja, klingt vielleicht kitschig. Aber ich war es einfach: Sehr glücklich. Und das ist - ganz ehrlich - kein erfundenes Happy End.

Und keine Spur mehr von der Unsicherheit und Nervosität, die mich noch während der Praxisprüfung wenige Tage zuvor wieder einmal angefallen hatte: Ruhig und gelassen steuerten wir die "Kiriwina", setzten Segel, kreuzten gegen den aufkommenden Ostwind, und ich freute mich über die Professionalität, die sich Silvia in nur wenigen Tagen bei ihrem Skippertraining angeeignet hatte. Dann erläuterte ich ihr, je nachdem, was uns woher entgegenkam oder unseren Kurs kreuzte, die "Vorfahrtsregeln" auf See, die Wirkung der Segelstellungen und einiges andere mehr, wir übten, fuhren und hatten unsere

Freude - miteinander, mit der "Kiriwina" und mit der ganzen Situation - zwei Wochen im Jahr würden wir nun ab sofort zu zweit allein segeln wollen, versprachen wir uns.

Selbst dann, als es unvermutet ein wenig merkwürdig wurde, behielt ich die Nerven.

Am letzten Abend ankern wir in einer Bucht (Ortano), haben sogar etwas Mühe, noch einen Ankerplatz zu finden (einige andere Boote sind da schon), klettern über die Badeleiter der Yacht und schwimmen, Silvia kocht, der Abend an Bord kann kommen. Plötzlich mehr Platz in der Bucht, zwei Boote holen den Anker hoch und gehen raus. Wir verlegen, finden einen besseren, freieren Ankerplatz. Dann hören wir bei zwei weiteren Booten die Ankerkette beim Hochholen rasseln ... und weitere ... Hoppla? Kurz nach acht Uhr abends sind wir jedenfalls plötzlich ganz allein in der Bucht. Was soll das denn ....?

Vorsichtshalber den Wetterbericht via Internet abgerufen: Etwas mehr Wind und einige kleine Böen nachts und am nächsten Tag, aber nicht bedrohlich. Im Hafenhandbuch zigmal die Bucht von Ortano auf Verdächtiges studiert - "... bietet Schutz bei Winden aus Nord ..." (Ostwind war vorhergesagt), aber keinen Hinweis auf wirklich Gefährliches gefunden. Warum gehen die alle?

Hm. Gibt es da etwas, was wir nicht wissen, was mir entgangen ist, was ich nicht bedacht habe? Was kann das sein? Können wir trotzdem in dieser Bucht liegen bleiben? Müssen wir Nachtwache stellen und abwechselnd schlafen?

Grübeln, Abwägen und dann mein Entschluss: "Wir laufen den nächsten Hafen an - und wenn wir da keinen Platz mehr finden, kommen wir zurück, schmeißen die ganze Ankerkette raus und legen noch einen Zweitanker, um vor den Felsen klar zu sein".

Gesagt getan. Anker auf, wir motoren auf den Hafen Rio Marina zu, Dämmerung, Sonne schon untergegangen, wir machen Fahrlichter an, bringen draußen noch Festmacheleinen und Fender an und tuckern langsam und gut vorbereitet in die Hafeneinfahrt: eine große Fähre backbords, alle Liegeplätze belegt. Sch....! Doch da, eine kleine Lücke sehe ich, kaum breit genug für unsere "Kiriwina" und kaum Platz für ein richtiges Manöver, weil kurz davor rechtwinklig eine schwimmende Mole verankert ist (richtig, hatte ich vorher im Hafenhandbuch gesehen und es gab dazu auch einen Warnhinweis). Aber irgendwie müsste es klappen. Es klappt: Mit quietschenden Fendern steuere und zwänge ich die "Kiriwina" rückwärts in die enge Lücke zwischen einer größeren Segelyacht an Backbord und einer fetten, protzigen Motoryacht an Steuerbord. Der Mooring Man, der Hafenmeisterei (sehnig, braungebrannt, Unterhemd, tätowiert), steht an der Mole, guckt interessiert, rührt aber keinen Finger, die Crew der Nachbaryacht (Deutsche, sogar auch Buechi-Yachting) hilft sofort mit Fender-Versetzen, dann endlich - als er sieht, dass es klappt - wirft auch der Mooring Man seine Zigarette weg, nickt kaum merklich anerkennend und nimmt unsere Leine an, bevor ich die Leerlauf-Rückwärtsfahrt der Yacht gekonnt aufstoppe mit einem kräftigen Motorschub nach vorn. Das Heck der "Kiriwina" kommt genau drei Handbreit vor der Mole zum Stehen, gut mit Fendern gegen die beiden Rümpfe der Nachbarschiffe geschützt, Mooringleine bereits von Silvia gefasst und dann belegt, Achterleinen ebenfalls an den Klampen der Mole belegt und dichtgeholt. Perfekt! Keine Spur nervös, keine Spur unkonzentriert - und Silvia wahnsinnig stolz auf mich (jau, ich auch).

Und warum sind die alle in der Bucht von Ortano losgefahren? "Das waren wohl Italiener, die nur baden wollten und zum Abendessen wieder nach Hause gefahren sind", vermutet später bei Abgabe der Yacht grinsend Vercharterer Patrice Buechi ...

Mag sein. Egal. Auf jeden Fall hatten wir fantastische vier Tage auf der "Kirwina" rund um Elba - inklusive engem und perfektem Anlegemanöver im Hafen von Rio Marina.

Und unglaublich: Vor einem Jahr, sinniere ich, habe ich mich gerade erst zum Binnen-Motorbootkurs der VHS angemeldet. Mit der geheimen Hoffnung, meinen Frust nach noch frischem Kunden- und Ehrenamtsverlust sowie nach dem Erreichen der Regelaltersgrenze durch Motorbootfahrten auf dem Rhein irgendwie abfedern oder mich ablenken zu können. Nie im Leben hätte ich gedacht (oder auch nur davon geträumt), dass ich bereits nur ein Jahr später alle Prüfungen gemacht habe, um eine seetüchtige Yacht steuern zu können, dass wir das dann zu zweit allein tatsächlich auch tun würden und dass Silvia (die sich da eigentlich nicht weiter engagieren wollte) mit Freude ihr Skippertraining absolviert hat und nun an Bord ebenfalls ziemlich gut und verlässlich weiß, was da zu tun ist. Passt. Passt sogar sehr gut.

War's das also? Alles gut?

Nicht ganz. Beziehungsweise: Das war nicht alles, was es zum Kapitel "Elba" zu sagen gäbe. Denn vor unserem zweisamen Viertagestörn lagen ja meine zwölf Tage Praxiskurs über 412 Seemeilen (Elba - Korsika - Maddalena-Archipel - Elba) und sechs anderen Männern auf engstem Raum an Bord der "Mistral III", einer Beneteau Oceanis 47,3 des DHH. Sollbruchstellenmäßig nicht uninteressant: An Bord waren neben mir noch zwei ältere Herren (unser Skipper und Segellehrer Hermann Hauck und Klaus, sein Freund aus Bundeswehrzeiten - beide noch ein wenig älter als ich) und dann vier junge Männer, die vom Alter her unsere Söhne hätten sein können (zwischen 26 und etwas über 40 Jahren). Ein sehr deutlicher Generationsunterschied also. Wie könnte das wohl klappen, wie würde ich mich dort zurechtfinden? Und: Klaus hatte seine Prüfung schon längst gemacht und fuhr nur zum Vergnügen mit, zur Prüfung traten nur die vier jüngeren Herren an - und ich.

An einigen Nebensächlichkeiten wurde der Generationsunterschied deutlich - und das war sogar ganz witzig:

- Klaus und Claus (ich), die Senioren, schliefen in der kleinsten Kajüte, die Kojen am Ende nicht einmal schulterbreit, unsere Körper eng aneinander nur durch ein Brett getrennt - und wir schnarchten um die Wette, allen anderen laut voraus. Irgendwie hielten das die anderen ganz gut aus (und Klaus und Claus untereinander auch).

- Beim Einkaufen legten die vier Jüngeren vor allem Wert auf genügend Nutella, wir älteren (und mehr Seeerfahrenen) auf genügend Bier (nee, brauchen wir nicht, trinken wir nicht so viel, meinten die Jüngeren). Mit dem Ergebnis, dass wir mehrmals Bier (aber nicht Nutella) in den Häfen nachkaufen mussten - Seeluft macht eben durstig (auf Bier).

- Am Abend vor der Prüfung machten sich die vier Jüngeren gegenseitig verrückt mit tausend Fragen und Antworten aus dem Katalog möglicher Prüfungsfragen, während wir drei Älteren gemütlich beim Wein an Deck saßen und uns allmählich besorgt die Frage stellten, wann wohl endlich Ruhe an Bord sein würde.

Natürlich waren die Gesprächsthemen generationstypisch: Bei Erziehungsdiskussionen zweier junger Väter mischten wir Älteren und Opas uns besser nicht ein (und wunderten uns nur - mit unbeobachteten Blickkontakten), bei beruflichen und Karriere-Fragen der Jüngeren hielt vor allem ich mich energisch zurück und bei allerlei Spielereien mit Elektronik, Internet sowie anderen technischen Fantastereien (man müsste hier noch etwas erfinden - oder dort ... aber alles gab es dann doch schon), interessierten uns Ältere andere Lebenserfahrungen. Aber es gab dann doch die eine oder andere Gesprächsrunde an Bord mit Themen, an denen wir alle beteiligt waren. Und - das war auch dem Führungsgeschick des Skippers zu verdanken - wir wurden dann schnell ein so harmonisches und professionell eingespieltes Team, dass es am Ende selbst den Prüfern positiv auffiel, die uns das (und natürlich dem Skipper) voller Respekt mitteilten - alle haben die Prüfung bestanden.

Allerdings fiel mir auch auf diesem Törn wieder auf (siehe Kapitel

"Lernen"): Ich hatte öfters mal Mühe mit meiner Konzentration, machte den einen oder anderen blöden Flüchtigkeitsfehler, hatte hin und wieder Orientierungsprobleme (verdammt, woher kommt jetzt das bisschen Wind - bei nahezu Flaute), verhedderte mich unter Beobachtung des Skippers beim zig-/hundertmal geübten läppischen Webleinsteg oder anderen Knoten ... Verrückt: Kaum war die Prüfung vorbei, klappte auf dem Törn mit Silvia alles wie am Schnürchen (buchstäblich, wenn ich an meine dann mit einer Hand wie automatisch geknüpften Knoten denke).

Letzte, für mich spannende Frage: Würde ich mich als Senior, mit meinem nicht unbedingt konfliktfreien Verhalten im Verband und mit meinen Macher-Ambitionen anpassen und einreihen können? Erfreulicherweise ja. Die anderen drückten mir die Daumen und zitterten mit, als ich bei der Prüfung einmal beinahe patzte, das Miteinander war freundschaftlich, Kontakthalten auch für später wurde gewünscht - und auf den Fotos, die wir alle machten und in die Dropbox einstellten, war ich ganz normal mittendrin zwischen den anderen zu sehen. Puh, Erleichterung.

Es war aber auch ein fantastischer Seetörn inklusive einer langen Nachtfahrt (aufgeteilt in drei Wachmannschaften) über das laue Mittelmeer: Was haben wir nicht alles gesehen, wie sehr haben wir uns gegenseitig bei Manövern unterstützt, wie haben wir oft gelacht und was hat uns Hermann nicht alles beigebracht - einmalig und klasse!

Elba war gut für mich: Prüfung abgelegt und viel Segelpraxis bekommen, neue Küsten und Hafenstädte in einer wunderschönen Region gesehen, mit den anderen an Bord prima klar gekommen und neue Kontakte geknüpft, dann noch das wunderschöne Erlebnis mit Silvia auf der "Kiriwina" ....

... Und nun schon fast zu viel des Guten: Meine porösen Knie haben alles mitgemacht. Und - es wurde noch besser - dann kamen gerade in diesen Tagen auch noch ein paar weitere berufliche Aufträge per Mail aufs Handy.

Wieder zurück in Wiesbaden und drei Fotos + Text von Elba auf Facebook gestellt (da poste ich höchstens alle Vierteljahre etwas): Glückwünsche und Zuspruch von überraschend vielen Followern. Auch und gerade von früheren Verbandsmitgliedern und anderen aus der Szene, die mir nach wie vor wichtig sind.

Uff.

16) Zukunft

Was wäre, wenn es in Elba anders gelaufen wäre? Ich mag es mir lieber nicht vorstellen. Ich hatte in Elba ein einzigartiges Erfolgs- und Glückserlebnis. Punkt.

Was wäre, wenn dieses oder jenes in meinem Leben anders gelaufen wäre - oder in Ihrem Leben ... ?

Wir wissen es nicht. Da kann man endlos Mutmaßungen anstellen und hin und her grübeln - es führt nicht weiter. Man kann eine höhere Macht dafür verantwortlich machen oder irgendetwas aus dem schier unergründlichen Mythen-Reservoir meiner Lieblings-Esoterikerin - Gewissheit bringt es nicht.

Nimm's wie's kommt und mach was draus. Leicht gesagt, aber nicht immer leicht getan.

Älter werden ist nicht prickelnd Das habe ich in diesem Jahr meiner Sollbruchstelle 65 deutlich erfahren. Für Kinder und Jugendliche ist rasches Älter werden zwar sichtbar angesagt und in den allermeisten Fällen auch sehnlich erwünscht. In den nächsten 20 bis 30 Jahren hat man selten Zeit, über dieses Thema nachzudenken. Doch spätestens mit 60, allerspätestens mit 65 (!) Lebensjahren spürt man dieses Älter-geworden-sein plötzlich wieder deutlich und dann erscheint alles nicht mehr so fröhlich. Anderslautende Behauptungen empfinde ich inzwischen als Heuchelei und infame Lebenslügen (oder totale Verblendung und Verdrängung der Realität). Oder, auch das kann sein, die Betreffenden haben bis dahin nicht wirklich gelebt, nicht wirklich ihr volles Potenzial ausgefahren und entdecken nun plötzlich, dass sie noch ungeahnte Reserven haben. Na denn ...

Mir war älter werden bislang völlig egal, im Gegenteil: Ich fühlte mich wohl dabei, Erfahrungen zu gewinnen, reicher an Leben und Lebenswertem zu werden. Und muss mich oft zurückhalten, bei Erzählungen anderer, jüngerer, nicht eine noch bessere Geschichte dazu zu geben - was habe ich nicht alles schon erlebt, was habe ich nicht alles noch aufzuwarten und zu bieten ...

Doch mit 65 ist das bei mir plötzlich anders geworden. Ich muss mich diesem blöden Jetzt-wirklich-älter-geworden-sein stellen, daran gibt es nichts zu deuten oder zu beschönigen. Erst neulich hörte ich wieder eine Bemerkung über drei Ecken, dass jemand einen "älteren Herrn" kennen gelernt habe ... und damit war ich gemeint.

Was stellt man sich denn unter einem "älteren Herrn" vor? Alles Mögliche - im besten Fall eine würdige Erscheinung, jemanden, der sich ein wenig zurückgezogen hat, der sich nicht mehr im alltäglichen Leistungs-Wettbewerb messen will oder muss. Kaum fassbar, dass das für mich zutreffen sollte - tut es aber wohl. Mist. Es schmerzt immer noch - trotz aller hier vorher schon mal geäußerten gegenteiligen Behauptungen (Hoffnungen). Ich fühle mich verkannt, ich fühle mich innerlich überhaupt nicht alt - Selbst- und Fremdbild beißen sich brutal. - Dennoch muss ich das irgendwie akzeptieren. Immer mehr, je älter ich täglich werde.

Ich werde es akzeptieren. Ich akzeptiere es. Ich kann das jetzt. Auch dank Elba.

Dazu kommt: Ich habe das Gefühl, körperlich langsamer und auch ein wenig schwerer geworden zu sein. Das resultiert eher kaum von gezieltem Muskelaufbau im Fitnesscenter, und die Langsamkeit nicht allein aus der Schonungsbedürftigkeit meiner Knie. Dabei bewege ich mich heute sogar mehr als früher. Der Kampf gegen überflüssige Pfunde geht jedoch mittelfristig bestenfalls unentschieden aus. Ich bin - sagen wir mal - kompakter geworden, auch im Brustbereich. Mein Schneider beklagt das diskret und hat nun etwas mehr Arbeit, die Westen und Jacketts meiner Anzüge passend zu machen.

Ja, ich bin körperlich nach wie vor einigermaßen fit. Dennoch - ich muss es leider bekennen - ist mir die körperliche Spannkraft und Schnelligkeit früherer Jahre inzwischen irgendwann abhanden gekommen. Und es ist wie Paddeln gegen den Strom: Wenn ich da nur ein bisschen bequem werden sollte, treibt es mich schnell zurück - und ist viel schwieriger wieder aufzuholen als früher. Also Fitnesscenter. Sture, langweilige Quälerei. Aber besser als nichts (hoffe ich sehnlich).

Und dann kam Elba. Und ich war fit. Und schnell genug. Und ich steuerte die "Kiriwina", ruhig, sicher, souverän. Und Silvia - das war auch ein schöne, fröhliche Begegnung: Nach zwölf Tagen auf See machte ich mit Skipper Hermanns Unterstützung erstmals das Anlegemanöver mit der "Mistral III" im Heimathafen, nicht wissend, dass gleichzeitig auch Silvias Crew festgemacht hatte, und sie mich bemerkte und beobachtete (ich verschwitzt, nicht mehr ganz saubere Klamotten, Stirn aufgeschlagen von irgendeiner unsanften Begegnung mit einem Teil der Yacht, mehrere Tage unrasiert). Und Silvia freute sich trotzdem, mich nach zwölf Tagen so wieder zu sehen, rief mir herzlich von Land aus zu und fragte dann ein wenig später unter uns "Bist Du schlank geworden?" Und auch das war Elba.

An Bord der Männer-Crew-"Mistral III" hatten wir unterwegs auf dem SKS-Törn eine kleine Diskussion. Ich hatte Matthis, einen sehr sympathischen Mitsegler, Psychologe und junger Professor an einer französischen Elite-Business-School in Paris, wegen meiner Unkonzentriertheit angesprochen. Er meinte, ich müsse eine positive Projektion dagegen aufbauen. Self-fulfilling Prophecy, du weißt schon ... Positiv denken, warf ein anderer ein. Ob er denn die Untersuchung nicht kenne, entgegnete ich ihm, nach der die eher pessimistisch eingestellten und vorsichtigen Manager langfristig die besseren Ergebnisse erzielen würden? Nein, kannte er nicht. Und der andere fühlte sich nun vollends verkehrt erwischt und erregte sich über die typischen Verhinderungs-Manager, die alles abblocken, er habe inzwischen einen ganz tollen Chef mit echtem Drive, Charisma und Visionen, nur das gelte und nur das bringt voran ...

Ja. Das kann man so denken. Habe ich früher auch so als Ideal gedacht, inzwischen nicht mehr so sehr. Kommt halt darauf an. Ich zog mich aus der Diskussion an Bord (die keine mehr war) heraus. Wieder mal ein Generationenproblem der Sichtweisen und Erfahrungen - und nicht die einzige oder erste Diskussion, die ich zu diesem Thema erlebe (und dann leise verlasse).

Was ist passiert in diesem Jahr meiner Sollbruchstelle? Visionen hatte ich mir schon viel früher längst als zuweilen gefährliche Trugbilder abgeschminkt. Nun, im Sommer 2014, zum Eintritt ins Rentenalter, waren nach meinen wenig positiven aktuellen Erlebnissen damals auch meine existenziellen und sozialen Hoffnungen stark dezimiert.

Und was tun in so einer Situation?

Im Glauben hoffen. Vielleicht eine Vision aufbauen und unerschütterlich daran festhalten. Positiv denken. Vielleicht ...

Nichts für mich. Naiver Aberglauben. Ich glaubte schon längst nicht(s) mehr. Ich hielt mich da eher an meine Erfahrungen im Sport, wenn plötzlich ein Spiel kippt: sich stur und mit Tunnelblick auf den nächsten Schritt konzentrieren. Nicht mehr gewinnen wollen, aber auch kein Jammern oder Selbstmitleid, sondern sich einfach und brutal an das - und nur an das - erinnern, was einem der Trainer beigebracht hat: Ball, Kopf, Schultern, Stand, Knie und Füße, Arme, Hände, Ball - erstens, zweitens, drittens ... Und - erstaunlich - wenn das einem Spieler und dann der ganzen Mannschaft gelingt, kommt wieder Ruhe auf und Kontrolle, dann kann sich das Spiel nochmal in die Gewinner-Richtung drehen.

Das habe ich in diesem Jahr meiner Sollbruchstelle gemacht und hier aufgezeichnet: Was passiert gerade, schau genau hin und interpretiere möglichst nichts hinein! Welche Fakten und persönlichen Aufzeichnungen und Statistiken gibt es, die ich nicht umsonst über die Jahre notiert habe und die jetzt das Denken wieder in stabile Bahnen bringen. Welche Parallelen sind zu erkennen, welche Regeln, Muster oder belegte Erfahrungen taugen in der Situation (welche Methoden habe ich vielleicht sogar früher einmal selbst entwickelt und anderen erfolgreich angeboten), was ist dann folgerichtig jetzt - und nur jetzt - zu tun. Zu tun, nicht zu Grübeln ...

Und dann kam Elba. Ich geb's ja zu: Grundsätzlich ausgeschlossen habe ich so ein Erlebnis in meiner Sollbruchstellen-Arbeit und - Analyse nicht. Denn so ein Glücksmoment gehört ja auch zum Regelwerk der überraschenden Wendungen in S-Kurven, Strukturbrüche und vorher nicht einmal im Ansatz erahnbaren Überraschungen. Passt schon.

Aber geglaubt oder erhofft habe ich das nicht. Niemals in dieser Freude- und Glücksdimension.

Und - genau betrachtet - gab es vor Elba ja auch das eine oder andere "kleine Elba", kaum auffällig im Alltag, aber in der Summe schon gewichtig. Hinschauen!

Ich hake es also ab und konstatiere: Meine Sollbruchstelle hat gehalten, Zukunft zeichnet sich ab. Anders, ganz anders, als noch vor einem Jahr denkbar (ich wiederhole mich). Aber greifbar, Ziele vorgebend, positiv. Und ich freue mich darüber!

Alles in allem scheint es so, als habe ich tatsächlich ganz deutlich einen neuen S-Kurven-Zyklus meines Lebens begonnen. Dabei habe ich viel zurückgelassen (zurücklassen müssen), was mir früher sehr wichtig war und immer noch den einen oder anderen Phantom- oder Verlustschmerz bereitet. Ja, auch das muss ich zugeben - auch, wenn es nicht gerade cool ist.

Ballast abwerfen, predige ich selbst ganz gern. Ja, predige nur ... Doch mit dem Ballast sind auch Emotionen, Lebensgefühle, Leidenschaft und Loyalitäten verbunden, die wertvoll waren (und sind) und die ich unwiederbringlich verloren habe. Die aber - nüchtern betrachtet - auch nicht wirklich weiter führen, sondern mit ihrer emotionalen Haftung auch bremsen und einlullen, Zukunft eher verbauen würden.

Gut: Einige, mir wichtige Beziehungen sind wohl erhalten geblieben, nicht alle Brücken zerstört. Allerdings nicht mehr im Konstrukt des früheren Lebens.

Ja, es hat viel innere Arbeit gekostet. Und auch ja, diese innere Arbeit wird - siehe Lernen - nicht weniger werden. Und drittens Ja: Ich muss mich daran gewöhnen, mich einzureihen, kann in neuen Betätigungsfeldern nicht auf bisherige Erfolge zugreifen, muss mich demütig als Senior immer wieder in den Anfängerstatus zurückstufen, wenn ich Neues anfangen will. Und muss doppelt so diszipliniert lernen, um diesen Anfängerstatus so schnell wie möglich wieder zu verlassen. Und das sollte ich auch weiter wollen, obwohl ich mir das in meiner momentanen Elba-Euphorie und nach meiner heftigen Wassersport-Lernerei erst einmal nicht vorstellen kann: Immerhin habe ich die Prüfung für meinen ersten Bootsführerschein erst im August 2014 abgelegt, die dritte und (vorerst) letzte Prüfung im Juli 2015 – das war schon was. Da müsste schon ein sehr, sehr attraktives Betätigungsangebot daherkommen, dass ich so etwas noch einmal auf mich nehme. Aber, auch das ist wahr, im Juni 2014 habe ich an so etwas wie Elba nicht einmal im Traum gedacht. Überraschung.

Das zeigt mir: Es hat überhaupt keinen Sinn, unendlich darüber zu grübeln, in Selbstmitleid oder Depression zu verfallen, wenn es einmal nicht weiterzugehen scheint, wenn eine neue S-Kurve nicht sofort sichtbar wird, keine attraktive Zukunft erstrebenswert erscheint. Denn – zumindest theoretisch – da lauert vielleicht auch in drei, fünf oder sieben Jahren noch ein "Elba" und bringt überraschende Wendungen.

Allerdings nur – das habe ich nun gelernt –, wenn man sich nicht zu schade ist, die eigene Vergangenheit Vergangenheit sein zu lassen, sich auf die Gegenwart zu konzentrieren, sich zu disziplinieren, neu zu lernen, mehr zu lernen ...

Interessant. Spannend. Zukunftsweisend - sofern man sich selbst ein wenig aus der Meta-Ebene betrachten kann.

Fast Mitternacht. Aber ich will noch zu Ende kommen. Morgen breche ich zu einer mehrtägigen Geschäftsreise in den Süden auf, habe alles schon vorbereitet und gepackt und freue mich darauf. Dann gleich ein Workshop mit den Mitarbeitern des neuen Unternehmens meines beförderten Auftraggebers. Danach startet ja schon bald der Segeltörn mit Peter in der Ostsee. Zeit läuft. Und heute Mittag habe ich mit einer früheren Auftraggeberin telefoniert, die mich jetzt wieder für ein heikles Problem in ihrem Team als Berater und Trainer braucht. Der Fall ist wirklich nicht einfach und aufgrund des notwendigen Mehrschichtbetriebs in ihrem Unternehmen auch zeitlich und gruppendynamisch schwer zu koordinieren. Während unseres Telefonats entwickle ich für diese Situation eine völlig neue Dramaturgie, bespreche es gleich mit ihr – es scheint aufzugehen, ich tippe die Schwerpunkte in den PC, versende es als Mail ...

Schluss jetzt: Sollbruchstelle und Gegenwart o.k., sehr o.k. sogar inzwischen. Und was die Zukunft wirklich bringt und wie lange meine Elba-Euphorie anhält, weiß niemand. So oder so. – Weg damit: positiv denken!

Banal?

Egal.

Der Autor

Claus von Kutzschenbach, cvk-consulting, ist seit 1996 freiberuflicher Managementberater und -Trainer. Er berät und trainiert Führungskräfte und moderiert Workshops zur Unternehmensentwicklung. Ein zweites Arbeitsgebiet sind marktorientierte Maßnahmen vom Werbe-Text bis zum Verkaufstraining.

Zuvor war Claus von Kutzschenbach selbst 12 Jahre im Management eines Konzernunternehmens, davor hatte er bereits Führungsaufgaben in mehreren Verlagen. Ausbildung als Redakteur, Studium der Volkswirtschaft, Soziologie und Politologie (Diplomvolkswirt) in Kiel. Aufgewachsen in Oberbayern und Westfalen, berufliche Stationen: Passau, Neumünster, München, Bonn, Wiesbaden. Er ist Autor mehrerer Fachbücher und zahlreicher Beiträge in Fachmagazinen, lebt in Wiesbaden, ist verheiratet, hat zwei Söhne und vier Enkel.

Mehr über ihn: www.cvk-consulting.de

Startseite www.cvk-consulting.de

WERBUNG:

Jeden Monat kostenfrei per E-Mail
"TIPPs aus der Managementpraxis"
von Claus von Kutzschenbach.

Kostenfrei bestellen: www.cvk-consulting.de

Damit Führen Freude macht und Erfolg bringt ...

Claus von Kutzschenbach, cvk-consulting, berät Manager und trainiert Führungskräfte - sicher, pragmatisch, ideologiefrei und wirksam.

Damit sich Unternehmen und Teams nachhaltig weiter entwickeln, Manager die richtigen Entscheidungen treffen, Führungskräfte ihre Ziele mit Mitarbeitern erreichen und alle Freude am Erfolg haben.

Für den Erfolg seiner Kunden setzt er sich jedes Mal wieder neu ein – mit Leidenschaft und mit seiner reichen Berufs- und Lebenserfahrung.

Einzelcoaching, firmeninterne Seminare und Workshops und öffentliche Veranstaltungen:

www.cvk-consulting.de

Zeitfracht Medien GmbH
Ferdinand-Jühlke-Straße 7
99095 Erfurt, Deutschland
produktsicherheit@kolibri360.de